品格，是一把鑰匙

GOOD CHARACTER IS A KEY

暢銷心靈作家
文藝獎得主
施以諾
最新力作

開啟腦中的幸福力量

主流出版社 出版

送給＿＿＿＿

祝：

天天喜樂！平安健康！

許多人說，在職場生存需要靠「厚黑學」，

但本書的五十五篇心靈散文卻生動的告訴我們，

生存需靠的是：

仁愛、喜樂、和平、忍耐、恩慈、

良善、信實、溫柔、節制。

希望您會喜歡這不厚也不黑的九個幸福態度，

一同開啓腦中的幸福力量！

＿＿＿＿敬贈

各方好評

孫　越（終身義工、金馬獎影帝）

彭蒙惠（空中英語教室創辦人）

黃明鎮（更生團契總幹事、牧師）

江漢聲（輔仁大學校長）

連加恩（醫師、旅非帶職宣教士）

羅乃萱（太平紳士、家庭發展基金總幹事）

寇紹恩（台北基督之家主任牧師）

黃瑽寧（兒科醫師、親子作家）

眞情推薦

以諾是醫療界的璞玉；他本職是職能治療的教授，然而他把音樂帶入了醫療，把智慧帶入了人們的心靈。這本書中的箴語，彷若來自天使的聲音，對讀者而言，眞是一把品格鑰匙，用來開啓人生的福樂！

江漢聲

施以諾結合精神科職能治療的專長、生活化基督信仰的體驗和精采的文筆，這本書一定可以讓所有讀者生活得力、心靈再升級！

連加恩

品格是一把鑰匙、一把領受祝福的鑰匙、一把持續領受祝福的鑰匙、一把持續領受並且保有祝福的鑰匙，謝謝以諾的分享！

寇紹恩

上帝在你我的心田，埋下了九顆品格的種子；而以諾的文字，猶如園丁的巧手，讓那好品格如花朵般，綻放出清新的香氣。

黃瑽寧

Good character produces good fruit in life and never fails to bless others. This is a book of wisdom and delight. 品格可以在我們的生命中多結果子，並總是能成爲別人的祝福。這是一本滿有智慧與喜樂的書。

彭蒙惠

推薦序①

一本藉著眞理的愛作自我反省的好書

孫越

終身義工、金馬獎影帝

平日我們處世爲人原則，常因著環境與關係而有所改變；同一件事情，換成不同的環境或關係，就會讓我們的原則有所改變，但往往我們事後又會懊悔不已，或仍自以爲是。

我是施以諾博士的忠實讀者，看他的這本《品格，是一把鑰匙》，可以讓我在諸多巨細靡遺的事件中找到待人的準繩。

譬如，婚姻生活吧！通常所謂的「婚姻」，都是男女雙方先付出了全部的熱情，破除了許多困難，才能「二人成爲一體」。這是多麼珍貴美好又被祝福的事！可是在一般我們的婚姻經驗中，卻往往做不到和睦相處的生活。是什麼原因造成我們婚後的生活不如婚前？是我們男女雙方各自又回到了婚前的生活原點，以自我爲中心。但是，作者施以諾卻在本書中的「婚姻，是雙劍合璧，還是兩人三腳？」一文中提醒我們，無論遇到何事，要謹記三原則：一、要認定對方，二、多給予讚美，三、糊塗一點，不要事事據理力爭。

希望從我們自身做起：每個家庭，都能藉由此書時時彼此反省；每個人，都能將此書作爲贈送朋友的溫暖小禮。盼藉由《品格，是一把鑰匙》這本書的推廣，對社會風氣能有所幫助。

推薦序②

品格，被愛很重要

黃明鎮
更生團契總幹事

施博士是個相當難得的多產作家。

他心中充滿神的愛，所寫的文章，都能激發人的愛心，勉勵人去行善。

他是牧師的兒子，從小因有信仰，受到許多愛的薰陶，所以字裡行間，才會充滿對世人的關懷，和對生命的熱愛。

施博士善於獎勵後進，過去，剛推出〈雄善文學獎〉時，台北看守所有一名死刑囚犯王鴻偉，悔改信耶穌之後，將他的心路歷程化爲文字，投稿時獲得評審青睞。但死囚不能外出領獎，於是我們禱告，想出一個好辦法，就是替施博士申請入獄，親自去頒獎。

那天算是盛會，也是獄政史上的創舉。當時看守所的黃維賢所長，特別出席主持；而前行政院長張俊雄，因是更生團契的探監志工，當天也全程參與。

令人感動的是王鴻偉的母親，也獲准前來觀禮。

過去五年，她兒子因一時衝動，殺死女友；犯案收押後，媽媽去面會，只能用電話筒，並隔著玻璃才能對話。今日大不同，眼看著媽媽就坐在兒子的身邊，不捨兒子可能不久即將被執行槍決，淚水頻頻下滴，雙手又緊緊握住不放。

當時的場景，知情者，無不爲之動容。

我心想，如果不是施博士辦這個獎，他們母子怎可能有這樣千載難逢的機會？

這本書的九個篇章，是用聖經中的九個「聖靈的果子」作標題；只是把「喜樂」擺第一，讓「仁愛」殿後，我覺得

一定有其特別的意義。
因爲現代的人不敢否認沒愛；但，絕大多數的人，一定會承認自己喜樂不起來。
所以，喜樂很重要，因爲沒有喜樂，每天都會過得很痛苦。
施博士在書中的〈三眠主義〉一文提到他一上床，很快就能入睡。有人會認爲他「睡功」很好，其實是印證聖經的一句話：
惟有耶和華所親愛的，必叫他安然睡覺。〈詩篇一二七篇2節〉
他是一個神所愛的人。
盼望讀者也能信仰基督，領受神無限的愛，並去分享愛，愛人如己，造福他人。

推薦序③

用心良善的醫者、作家

太平紳士、家庭發展基金總幹事
羅乃萱

這個年頭，在網上，在書室裡，都充斥著不少謾罵笑謔的作品。有人說，這正是時代的特色。有人說，要夠凶更狠才有市場；更有人說，這一代的年輕人，就是愛看這些譏笑怒罵的文章。

不，不，不！

從多年前看到以諾的第一本作品面世，至看他在網上博客的文章，都深受讀者愛戴。聽到身邊年輕一代被他的文章

鼓勵，有些更被他激發更深沉的思考，至知悉他的作品一而再、再而三得到外界的肯定，就知道那些口說愛口誅筆伐的人，大多數的心靈深處仍渴望得著鼓勵、肯定與指引。

這天讀著以諾傳過來的作品，就發現他的寫作更深化，觸及的層面剖析得更廣遠。像談到「祝福」時，以「培養『助』人的專業技能及『扶』人的心腸」作實踐；談到「失敗」時，以多元角度（出身、經歷、戀情等）來帶出此經歷的人生課題，把「挫折」創意地描寫成人生的一道「甜點」……單看這些主題，都令人有種耳目一新的期待。

更重要的是我們（與外子何志滌牧師）所認識的以諾，一直就是一個「用心良善」的醫者、作家。他的筆怎樣寫，在生活中也怎樣活出來。看見他對太太的體貼，對父母的孝順，對學生的提攜，很用心且專心地對待身邊每一個人。好幾次在台北的飯敘暢談，我倆就被以諾的用心接待與分享所感動。

至於善良，是跟他們一家接觸所得的深刻印象。他們不但心地良善，更以善與關愛對待身邊有需要的人。在他們眼中，縱使人有善惡好歹，但因著基督的愛，人仍有可改變可愛可親的一面。深信以諾正是如此相信，也如此下筆寫下一篇篇扣人心弦的文章。

在此，祝願以諾的這本新作《品格，是一把鑰匙》，能爲這個乾涸涼薄的社會氛圍帶來更多愛的滋潤，能爲迷失前路的這世代帶來更多反思的亮光。

自序

你的「鑰匙」帶了嗎？

曾讀過一個網路笑話，說到有一對兄弟住在八十層樓上，有一天他們出國旅行回來，發現整棟大樓停電了，且一時之間修不好，他們別無選擇，決定爬上樓去。才爬到二十層樓，兩人已氣喘如牛，決定先把行李放在二十層樓，等電來了再搭電梯下來拿。他們繼續爬、繼續爬，爬到第四十層樓，兩人都累到火氣上來了！便開始邊爬邊吵架。但等爬到第六十層樓，兩人已累到連吵架的力氣都沒有了。這時，哥哥說：「我們已爬了六十層樓了，就快到了！我們邊唱歌、邊講笑話，快樂的爬完它吧！」弟弟點頭稱是，兩人繼續努力地爬、努力地爬，終於，到了八十層樓的家了！兩人欣悅不已！哥哥望著家門說：「一切的辛苦與努力都值得了！」這時原本也處於狂喜狀態的弟弟，卻忽然僵住了笑容，說：「糟了！我把鑰匙連同行李放在第二十層樓！」

這是一個虛構的網路笑話，但對照許多現實生活中的新聞事件，卻在在發人省思。就像那兩兄弟，在社會上，也有許多人不斷努力地「向高處爬」，努力地爬呀爬，到登峰了，才發現忘了帶鑰匙，前功盡棄。

舉例來說，有的商界人士或政治人物，努力地向高處爬，希望建立自己的特殊定位；等爬到了高位，卻因德行不佳，功虧一簣。也有藝人、神職人員，努力地想建立自己的名聲，積極上進，被人捧得高高的，最後卻被爆出私慾陋習，形象破滅、努力白費。這些新聞事件不都跟笑話中那兩個「爬到八十層樓卻發現沒帶鑰匙」的糊塗兄弟一樣嗎？他們在努力往上爬的過程中，無意間在途中丟失了「鑰匙」；即便真到了高處的目的地，也進不了門。而什麼是新聞中的

那些商界人士、政治人物、藝人、神職人員在半途中所遺忘掉的鑰匙？很顯然的，他們在往上爬的過程中，被他們遺忘的那把鑰匙，叫作「品格」！

什麼是品格？不同的典籍中有不同的詮釋。在聖經中，使徒保羅曾以「仁愛、喜樂、和平、忍耐、恩慈、良善、信實、溫柔、節制」這九個詞來勉勵眾人，本書便以這九個面向來談品格。但因筆者個人背景是精神科職能治療師出身，是以在個人習慣上，先將「喜樂」排在前面來講述。

想想開頭那則向上爬的兩兄弟的故事，親愛的朋友，上進是好事，您正在努力地「往上爬」嗎？千萬不要在往上爬的過程中，無意間把「品格」這把「鑰匙」遺忘在半途！不要在上進、打拚的過程中失去了品格，這會讓您在爬到高位後懊悔不已！

品格，是一把鑰匙！請大家在往上爬的過程中，務必記得帶著它！共勉之。

作者按：

本書出版的時程，適逢愛子預產期，是我們夫婦的第一胎。心情緊張又興奮！連帶讓我編寫這本「品格」一書的心境起了微妙的變化。我不求這孩子未來有多大的成就或收入，但甚願他是一個品格好、蒙上帝喜悅的孩子。

目錄

第2篇 和平

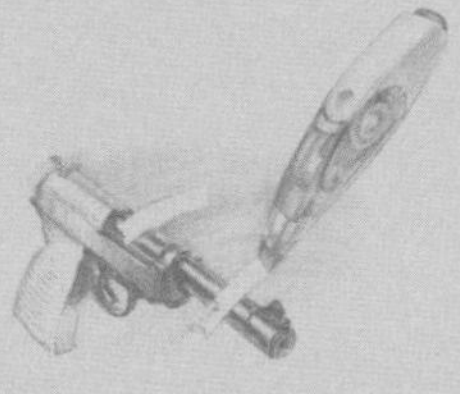

第3篇 忍耐

第4篇 恩慈

第5篇 良善

第6篇 信實

第7篇 溫柔

第8篇 節制

第9篇 仁愛

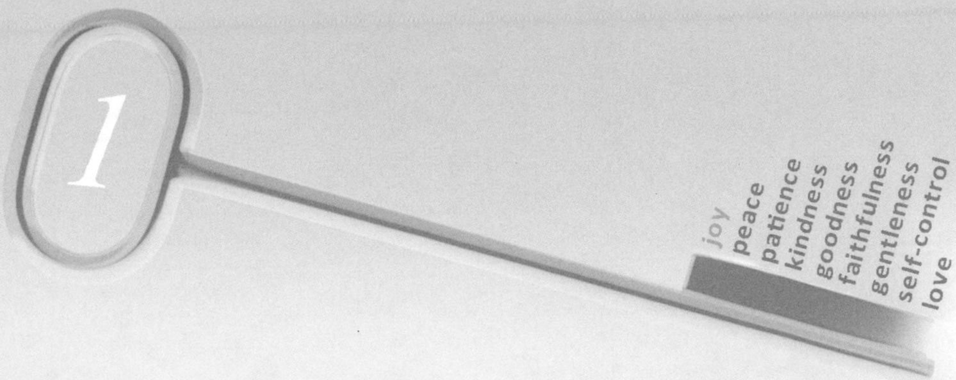
1
joy
peace
patience
kindness
goodness
faithfulness
gentleness
self-control
love

喜樂。

三眠主義

我這個人值得佩服的地方不多，但說來莞爾，我太太很「佩服」我的一點，就是我的睡眠功力。通常只要一上床，就可以在很短的時間入睡，不論那幾天事情再多、再煩，我幾乎都可以睡得很好。

我偶爾會應邀去社區或企業，演講心理健康方面的議題，我常喜歡問聽眾：「您現在或曾經很長一段時間，有過失眠困擾的人請舉手。」出乎意料之外的，舉手的比例極高，在許多場合皆是如此。

睡眠，是上帝創造人類時所設定的一個重要生理機制，亦是非常重要的心理需求。說到睡眠，我個人有三個原則，我半開玩笑地稱之爲「三眠主義」，但卻也是享受睡眠的重要訣竅：

一、先饒恕再睡

這一天有沒有發生令您惱火、氣急的人或事？說眞的，難保沒有，無論您此刻能不能諒解，睡前都先暫且放下吧！放了他一馬，也放了自己一馬。睡前，先在自己心裡與敵人休兵、和解，是增進睡眠品質的重要關鍵。

二、先感恩再睡

想一想，今天有沒有值得開心的事？我指的是「小事」，因爲我們很難每天能有令自己開心、光榮的大事發生，但值得開心的「小事」一定很多。例如：一到公車站，想搭的車就剛好到了，或是剛好有人講了一兩句令您開心的話。就爲這些小事感恩吧！它會讓您睡得更香甜。

三、先把明天的事放下再睡

許多人睡不著，是爲了明天的事憂慮，甚至爲了明天的明天而憂慮。我是一個基督徒，從小，身邊的人都知道我的信仰，而我常作一個看似很沒大沒小的禱告：「主啊，我所將要面對的難處，我已盡力了，祢知道我的能力到哪裡；也知道我的修爲到哪裡；請不要太爲難我這個小人物，或者請祢多預備恩典來幫助我去面對它。否則，大家都知道我是基督徒，我若在地上出洋相了，天上的老爸您多難看啊！」禱告完，往往就可以較安心的呼呼大睡了。睡前，不要爲明天的事憂鬱，會讓您睡得更安穩。

一份海外的研究統計指出，有百分之三十八的華人有失眠的困擾。這個比率其實還不算低。我相信，若能做到先饒恕再睡、先感恩再睡、先把明天的事放下再睡，保證睡眠品質會明顯提升。好的睡眠，可以帶來好情緒、好創意與正向的工作力。容我在此半開玩笑、半認眞地說：甚願我的「三眠主義」能造福更多的華人同胞們，讓「三眠主義」這樣的信念能夠融入我們的生活，使我們在社會、職場上的白天，能夠活得更精彩，更遊刃有餘。

名人留言版

願你們每天都愉快地過著生活，不要等到日子過去了才找出它們的可愛之點，也不要把所有特別合意的希望都放在未來。

——居禮夫人（諾貝爾物理學獎、化學獎得主）

笑，是心靈的慢跑

說到慢跑這件事，不由得讓我想起，婚前在追我太太時，她雖覺得我有些許她喜歡的優點，但卻也覺得我這個男人最大的缺點就是不太常運動。是以，曾故意說了一句「你能繞著操場連跑十圈不停，我就當你女朋友」。後來，我還真是硬練跑步，並刻意安排了某天傍晚，在她面前一口氣連跑了操場十一圈。那一晚，也成了我們正式牽手的第一天。這件事一直是我倆交往過程中的有趣回憶之一。

當然，「慢跑」這件事對生理健康而言有著諸多好處，甚至是許多醫者建議某些健康不足者一定要做的活動。我是一個精神科治療師，發現有件事對於心理健康來講，猶如慢跑對生理健康而言那般重要，那就是「笑」！沒錯，「笑」，猶如「心靈的慢跑」，可以讓一個人的心靈更加健壯！甚至延年益壽。

但這卻也就像慢跑時需要注意些小地方，否則反而有傷害一樣；「笑」也必須要笑對方法，才能對心靈健康帶來好處，不然亦會有副作用。在此，提出兩個關於笑的觀點：

笑，來自感恩

當我們懂得去數算生活中大大小小的恩典時，我們自然就會「笑」了。笑不見得要開口大笑，笑得讓眾人都看見；甜甜淡淡的笑在心裡，這種笑法也很有深度。一個懂得感恩的人，一定也是一個喜樂的人。

笑，但不是嘲笑

笑有很多種，嘲笑也是一種笑，但這種笑是建立在攻訐與挖苦別人的基礎之上，雖說還是能帶來一時的爽快與捧腹之樂，但常去攻訐或挖苦別人的缺點、能力、外型等，久而久之，自己也會生出苦毒來，縱使能藉此獲得一時的快感，但卻亦使自己的人格扭曲、變形。君不見許多毒舌派的人，也許能藉由一時的口快而討得笑聲，但這樣的人心中絕沒有眞正的喜樂，所有的反而是不爲人知的空虛感。

笑，是心靈的慢跑！每天笑一笑，正確而健康的笑，絕對可以讓心靈更加健壯！可以養好心靈的體質，抵抗憂鬱、苦悶等負面情緒的侵擾。親愛的朋友，您今天「笑」了嗎？願我們的心靈能鍛鍊得更加強壯！延年益壽。

名人留言版

我決計一生像太陽，無論甚麼事，總看光明的一面。

——赫德

不用別人的幸福來懲罰自己

我很喜歡一則童話故事，說到上帝有一天到花園裡去散步，卻看到每株植物都垂頭喪氣的，祂去關切了高大壯碩的榕樹，榕樹哀怨地說：「爲何我不像百合花那樣充滿香氣？」又聽到百合花說：「爲何我無法像無花果樹那樣結出果子？」不一會兒又聽到無花果樹說：「爲何我沒有玫瑰那樣的豔麗外表？」整個花園充滿了哀嘆之聲。

後來，祂在一片怨懟聲中看到一根小草，挺起了腰、隨著風開心的搖曳著，祂便問它說：「你今天爲什麼會這麼開心呢？」小草回答說：「因爲您造我就是一根小草，所以我就快樂的去做一根小草該做的事呀！」其實，在地球生態上，小草的重要性可是無可取代的呢！

上述的童話故事其實是對現代人很好的提醒。許多人曾問我：「爲什麼現代人有這麼多的憂鬱問題？」「爲什麼我過得如此不幸？」事實上，上帝從不吝於賜下福氣給現代人，祂賜給了我們每個人許多不同的福氣。人之所以會憂鬱，並不是因爲上帝沒有賜下福氣、幸福給我們，而是我們喜歡「用別人的幸福來懲罰自己」！

何謂「用別人的幸福來懲罰自己」？就是當我們看到某人在某方面很有上天所賜的福氣，但自己剛好在那方面比較缺乏之時，我們就會把焦點放在那個面向上打轉，焦點只看自己所沒有的，而不看自己所有的，這種心態抉擇，無疑就是關起門來自己懲罰自己。可不是嗎？別人所擁有的某些幸福本來是一樁美事，但卻變成我們用來懲罰自己的工具，當我們對別人的幸福生出不必要的比較、爭競、嫉妒時，受害最大的必會是我們的心。

上帝賜給了我們每個人各有許多不同的福氣，有的人有事業但沒有健康，有的人有學歷但沒有美好的婚姻，有的人有高知名度但卻常常失眠，有的人有財富但卻沒有愜意的自由，總而言之，往往很少有人能擁有全面性的福氣；既然祂賜給每個人的福氣、幸福都不一樣，那麼不妨學習「不用別人的幸福來懲罰自己」，以寬廣的心去看待別人在其某方面的幸福，並學習多看自己所有的，少看自己所缺乏的，我們的人生才會喜樂。

《聖經》上有句話形容「嫉妒是骨中的朽爛」（箴言十四章30節），足見嫉妒這種心態，會對一個人的身心健康有何等深刻入骨的無形傷害！不要用別人的幸福來懲罰自己，這是我們在這個世代所需要學習的處世觀。

名人留言版

追求快樂的事，莫過於「為所當為」。

——培根（英國哲學家）

快樂，是一種燃料

常聽許多人說：「等我有了成就以後，我就會快樂了！」「等我得到了我想要的工作以後，我才會快樂！」「等我找到另一半並結婚，我才會快樂。」「等我看到我的孩子成家、幸福，我才會快樂。」

身爲一個精神科治療師，不是我要「嚇」人，但我眞的看過許多實例，像上述那樣說「等我如何如何，我才會快樂」的人們，最後即便達到了目標也不見得會快樂，甚至往往達不到他們所預想的目標。

是他們不夠努力嗎？還是他們成功的念頭不夠強烈？其

實往往都不是，那麼，問題的癥結點在哪裡？問題是在他們對「快樂」的定位有偏差。快樂，不該只是您我得到某種人生目標的「副產品」，快樂，是一種我們達到該人生目標的「燃料」。我們不該限定自己一定要怎樣才能快樂；相反的，在順序上，先學會快樂，更能助我們達到某些目標。

快樂，不該只是被定位成達到某種人生目標的「副產品」，它的作用其實是一種很好的「燃料」，可以助我們朝著人生目標更穩健地前進。我願意舉兩個很經典的例子：發明大王愛迪生是一個喜愛發明的人，他可從來沒有說出「等我有了成就以後，我才會快樂」這樣的話。他樂在研究中，即便常常實驗失敗，他還是樂此不疲；快樂，成了繼續推動他作研究的動力！一路將這個資質不算高的平凡人，給一路推上了發明大王的歷史定位。

還有一個人，也是個很好的例證，他是生於西元前的一位先知——哈巴谷。身為神職人員，他的工作應是傳揚福音，但當時的人們其實不見得想聽他所講的話，甚至他的民族還面臨到相當值得擔憂的堪虞處境。然而，他也沒有說「等我看到我想看的事情發生，我才會快樂」這樣的話；相反的，他竟說：「雖然無花果樹不發旺，葡萄樹不結果，橄欖樹也不效力，田地不出糧食，圈中絕了羊，棚內也沒有牛；然而，我要因耶和華歡欣，因救我的神喜樂。」（哈巴谷書三章17—18節）因著這樣喜樂的力量源頭，推使他繼續朝著自己的人生目標前進，也使他成了後世心目中很偉大的哲人。

快樂，是一種燃料！是一種很好的無形燃料！它可以讓我們更有動力與朝氣地向著目標持續前行。因著先有快樂，我們更容易有成就，更有盼望能找到我們想要的工作；也因著我們先懂得快樂，使我們的情緒能感染到身邊的至親，讓我們更能如願地看到他們過得幸福。

快樂，不該只是我們達到、看到某種人生目標的「副產品」，而是一種助我們達到該人生目標的「燃料」。親愛的朋友，您快樂嗎？

名人留言版

笑，世界跟著你笑；哭，就只有你自己哭了。

——威爾科斯克（英國作家）

與自己和好

我認識兩位仁兄，兩人的背景、生涯路線極爲相似。他們兩位都是所謂的更生人，都曾有過不堪的過去、不高的學歷背景，後來都在獄中接受了同樣的宗教信仰；出獄之後，都有心洗心革面，並不約而同的接受了同樣的訓練、先後進入了宗教團體任職。但這兩人的行事作風卻極不相同。

其中的A先生，總是對人們給他的建議與善意批評很敏感！特別是那些學歷較高的信徒若給他一些建言時，他整個人就會武裝起來，認爲別人不尊重他的職分，甚至歇斯底里地回應。

另一位B先生則完全不同，他雖也有類似的過去，但他自知已付上法律的代價，且他也認爲既然連上天都已赦免他、接納他了，他又何必看低自己呢？是以無論在他面前的是高學歷白領階級，或是低學歷、低收入的人士，他都能不卑不亢、從容以對，所展現出的氣度一點都不輸那些所謂的白領知識分子。

A先生與B先生，有著幾乎相同的過去，後來也都作了神職人員，但爲何後來的表現大不相同？關鍵在於懂否「與自己和好」，懂否與過去的自己和好。A先生顯然對於自己過去在某方面的失意仍耿耿於懷，甚至嫌惡自己那樣的過往，是以當有在該方面相對傑出的人士站到他面前時，他整個人就會武裝起來，一點小小的無心言詞，都可以令他抓狂、擴大解讀。

本文的重點不在於評論A先生與B先生的品格高下。說眞的，這樣的例子比比皆是，甚至包括您我。我們每個人心中可能都有某些地方是自卑的，可能都有某些點，是連我們自己都不喜歡的。每一個人，都要學習「與自己和好」，倒不是說要凡事自我感覺良好，而是要懂得看淡某些已經無法改變的過去、經歷與先天條件，多向前看，我們的痛點才會越來越少，心靈才會越來越健康，情緒爆點才會越來越低。您說是嗎？

每一個人都要學習「與自己和好」！如此，人生下半場才能活得更從容、更大器。

名人留言版

我們現在的任務不是去譴責過去，而是解決未來可能發生的原因。

——甘迺迪（美國第三十五任總統）

復「愁」者聯盟

我在大學裡教授的是精神復健相關科目，本身也已在精神科執業了一段不算太短的時間，許多民眾知道我的背景之後，都會問我一個問題：「憂鬱症能夠眞正的治癒嗎？」這眞的是個好問題。憂鬱情緒又稱作「心靈的感冒」，那麼憂鬱症應是心靈的重感冒囉。現代人的生活壓力源頗多，若問：「憂鬱症能夠眞正的治癒嗎？」好似在流感季節問：「重感冒能夠眞正的治癒嗎？」理論上是可以的！但有沒有人感冒治好之後就永遠不再患上？恐怕也沒有。人的一生，常會不斷地感冒、受風寒，只是看個人身體狀況，出現的頻率高低有所不同而已。

人，有時是一種很固著的動物，先別說別人，就講講我自己吧！固然自己是個精神科的治療師，甚至很多被我教出來的學生都已經穿著白袍，在醫院的精神科執業了，但像我這樣的人，有時都還是會陷入憂慮之中；甚至有時明明想通了，但過一陣子再想到同一件事時，竟又爲著類似的事而感到憂愁了！當然，我相信有很大部分的人都跟我一樣，我們不得不承認人是軟弱的。

因著這樣常見的軟弱，套用一句知名賣座電影的諧音，華人社會有許多人都是「復愁者聯盟」，明明事情已過了，但之後卻又不斷地重複爲同樣或類似的事而愁煩！

但或許也因爲華人社會「復愁者聯盟」的成員越來越多，精神科相關醫療服務業的生意，近年來才會越來越好。如果要談「憂愁指數」，有一個公式可以說明這個指數的計算方式：

憂愁指數＝困難／信心

憂愁指數，等於困難除以信心。面對同樣的「困難」，如果在分母的「信心」越大，所得出的「憂愁指數」就會越小。問題來囉！人的「信心」往往不是定值，而是浮動的！同樣一個人，其信心與心靈光景可能不斷地經歷高峰與低谷，這也造成了每個人一生當中的「憂愁指數」也跟著一起波動。

人類歷史上有位非常有名的宗教改革家馬丁路德，據說有一次他曾面臨一個很大的困境，憂愁得不得了。她太太見狀，就故意穿著喪服出現在他面前，馬丁路德驚訝地問：「誰死了？」她太太故意回答：「上帝死了。」馬丁路德氣急地回答：「胡說！上帝怎麼會死？」她太太這才笑著說：「對嘛！上帝永遠活著，既然這樣，祂一定會幫你渡過難關，你又何必這樣哀愁呢？」馬丁路德聽了恍然大悟！得著了很大的提醒，便重拾起信心，臉上的愁容也散去了不少。

瞧！連馬丁路德都有信心低潮，都有憂愁的時候呢！天底下沒有聖人，是以一個人的信心往往不是固定值，往往會有高峰或低潮，只是各人所佔比率不同而已；此時，人們彼此之間的扶持、提醒，以及彼此堅固，就很重要了。無怪乎當時耶穌曾叮囑彼得：「但我已經爲你祈求，叫你不至於失了信心，你回頭以後，要堅固你的弟兄。」

親愛的朋友，您是「復愁者聯盟」的成員嗎？您常一再週而「復」始地陷入憂「愁」的情緒嗎？有夥伴能彼此扶持、彼此堅固，是讓彼此不再一再「復愁」，不再一再重複陷入憂愁的好方法。

名人留言版

戲中最難扮演的角色是小丑，雖然是傻角，扮演的人卻必須很聰明。

——歌德（德國文學家）

嫉妒，是心靈的癌症

有位X先生原本是大學講師，但可惜因爲碰到了某些瓶頸，怎麼升等也升不上去；而他的學生輩中，有些甚至已回大學教書並陸續升了幾等，這讓他大感不堪。後來，在大學裡的升等學術壓力之下，他不得不辭去大學講師的職務，轉去業界任職。

但之後X先生在業界也表現得不錯，上帝給了他另外一片天！然而，他只要一想起那些當年比他順利的後輩們，就會耿耿於懷，甚至只要有機會讓他評述那些後輩的表現時，他總屢屢刻薄、挑剔以對。而這樣的對比看在許多旁人眼裡，也都可以猜到他的心境與失落。其實故事中的這位X先生，上天也並未薄待他，他如果換種心態看待自己、看待後輩，心境會大不相同。

上述只是個虛擬故事，但在現實生活中類似的例子不勝枚舉。這讓我想起以色列歷史上著名的掃羅王。掃羅是以色列歷史上的第一任君王，史料文獻中形容他外形高大挺拔，有爭戰能力，且在當時的中東政治舞台上貴爲一方之霸；說穿了，若用今天偶像劇的標準來看，掃羅王這個人就是「高、富、帥」！所有偶像劇男主角的優質條件，他當時全包了！但當他在某次戰役結束後，見到自己當時的臣僕大衛遠比自己更受到婦女同胞們的歡迎時，心中的「嫉妒」油然而生，且越發加劇，之後甚至做出了許多卑劣、猥瑣的行徑，讓他留在後世的形象大爲扣分。各位想想，從夢幻的「高、富、帥」到「形象卑劣、猥瑣」，前後落差何等之大。嫉妒，對一個人身心靈健全乃至外在形象的殺傷力何其大矣！

聖經上有句名言：「嫉妒是骨中的朽爛。」（箴言十四章30節）有的版本將之翻譯爲「嫉妒是骨中的毒癌」，我覺得後者的翻譯對現代人或許更有警惕性！可不是嗎？嫉妒就像心靈的癌細胞，一點一滴的啃蝕了我們的快樂、啃蝕了我們的客觀、啃蝕了我們的格局。

人難免都會有嫉妒的情緒，在生活中，許多人不甘見到前任情人過得比自己好，不喜看到同事比自己更有發展，不樂見後輩所提出的見解比自己更獲得眾人的青睞。而也因著上述這些負面情結，我們往往會對那些人一再做出令自己也感到意外的失態之舉。去嫉妒一個人，不但辛苦，而且痛苦！

人要如何才能夠做到完全不嫉妒？談這個主題恐怕太矯情，因爲我們都不是聖人，很難完全沒有這樣的負面情緒，難免或多或少都會對某些人由羨慕而生出小小的嫉妒。聖經中有句情緒管理的哲理說「不可含怒到日落」（以弗所書四章26節），意即我們也許做不到完全不生氣，但至少不要讓怒氣在心中存留太久，以免影響身心。好不好，我們也同樣的提醒自己「不可『嫉妒』到日落」！提醒並操練自己，不要讓嫉妒的情緒留在心中太久，以免它逐漸變質、變大，啃蝕了我們的幸福。嫉妒，是心靈的癌症！面對心靈的癌細胞，我們雖無需過懼，但需謹慎自省。

「不可『嫉妒』到日落」！願我們都能有這樣的自覺與智慧。

名人留言版

在一個人民的國家中，還需要有一種推動的樞紐，這就是美德。

——孟德斯鳩（法國啓蒙時期思想家）

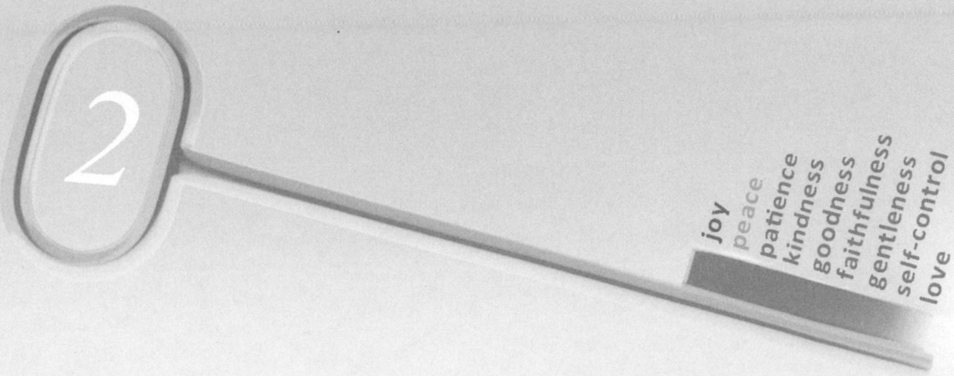
2
joy
peace
patience
kindness
goodness
faithfulness
gentleness
self-control
love

和平。

不去放大別人的缺點

曾經有位跟我不算太熟的兄台，我耳聞他的一貫言論引起某些人的反感，許多討厭他的人時常批評他，簡直把他批評得像是個離經叛道的人一樣；那些不喜歡他的人對他之評論，我也聽過不少。後來，一位朋友細細地拜讀了那位兄台的論述，發現他的論述雖然有爭議、有缺點，但實在不至於到離經叛道的程度。

事實上，那位兄台的言論並不若某些人所講那樣嚴重、偏差，但有時聽人批評起那位兄台，每每談到他時，那臉部表情之猙獰、甚至充滿了怨恨，都會讓我有些感慨；我不知道那位兄台會否因此受到傷害？但我敢肯定，那些時常過度情緒化地去批評他的人，恐怕自己的內心反而是更加悶憒的。

許多西方人很喜歡聖經中有關於「不要論斷」的教導，這樣的教導在聖經中出現過很多次。然而，何謂不要「論斷」？是指永遠都不能去談論任何人或事的缺點嗎？這麼做似乎也太反智！別的不說，許多西方科學的理論都是在反思中被不斷修正、建立起來的；那麼，不要論斷的標準在哪裡？也許神學家們各有不同的解讀，而我個人的定義是在生活中「不要去放大別人的缺點」，即是不要論斷的眞諦。

可不是嗎？我們有時很容易情緒化地去「放大別人的缺點」，喜歡用一些過度的負面詞語去描繪自己身邊的某些朋友、家人、配偶、同事、老闆……等等，但當我們習慣性地去放大身邊的人的缺點時，感受最痛苦、受害最深的卻往往會是我們自己的身心，因爲您習慣怎樣去看待自己身邊的人們，決定了您每天將有怎樣的心情指數。事實上，許多不必要的家庭、婚姻、職場、人際問題，都源自於我們在彼此相處、相知的過程中不理性地去「放大了對方的缺點」，進而加深了不必要的嫌隙與鬱悶。

親愛的朋友，您都怎樣看待自己身邊的人？學習「不去放大別人的缺點」，用一顆平衡的心去看待自己身邊的朋友、家人、配偶、同事……等等，甚至學習用這樣的心態去詮釋那些得罪你，或你不喜歡的人們。不去放大別人的缺點，是提升自己心情指數的一大祕訣。

名人留言版

唯有穿過鞋的人，才知道哪一處擠腳。

——喬治・赫伯特（英國詩人、演講家和牧師）

說話，是防身術

曾經在新聞上見識過亞洲地區一位官員的說話藝術，讓我印象深刻。當時，他正在一個公開場合致詞，台下卻有一位民眾站起來高聲反對他的政策，現場氣氛尷尬極了！雖有不少人支持那位官員的立場，但亦有不少人認同台下那位民眾的慷慨發言，現場的對立氛圍眼看就要一觸即發，而且對立的爆點必將落在那位官員的身上。

但那位官員那次的表現非常特別，他並沒有急著澄清、辯解自己的政策，更沒有反唇相譏，亦沒有故意冷處理、置之不理，他當眾指著那位向他叫囂的民眾，誠懇而恭維地說：「各位！這就是民主的價值！謝謝他爲我們提出不同方向的思考，我們給這位熱心的民眾一點掌聲好不好？」此話一出，對立的氣氛立時削去了一大半，現場的民眾，無論是支持那位官員的，或是支持那位民眾的，無不一同鼓掌喝采！之後，那位官員才又娓娓道出他政策的核心以及可能被誤解的地方。那一天，簡單的幾句話，爲他免去了許多不必要的攻訐上身。

無論是在哪一個時代，人們之間永遠都會有衝突，只不過在這個工商的文明社會，人跟人之間的衝突往往不再是「肢體衝突」，而是「言語衝突」！我們不再是用手臂來接招，而是用言語來接招，此時，如何接招？就很重要了！這是一門重要的藝術，更是一門必修的學分，是以我喜歡這樣形容：說話，是一種防身術！可不是嗎？在這個文明化的時代，會「說話」比會跆拳道、詠春拳……還要更能「防身」、更能自保不受傷害。

至於該怎麼說話呢？《聖經》上有句話可以參考——

「快快地聽，慢慢地說，慢慢地動怒」（雅各書一章19節）；這眞是一個非常好的「防身術」！它可細分爲三招：

快快地聽

所羅門王有句名言：「未曾聽完先回答的，便是他的愚昧和羞辱。」（箴言十八章13節）可不是嗎？先聽完別人要講的話，會更了解問題的癥結點；哪怕是情緒話，讓對方宣洩完後再去應對他，也比較方便。

慢慢地說

生氣的時候，哪怕是要反駁對方的批評，不妨先深呼吸一口氣再回話；若一口不夠、就再吸幾口，會讓您講出的回話更有條理與氣度，避免衍生不必要的後續。

慢慢地動怒

《聖經》有句話說：「你們的言語要常常帶著和氣，好像用鹽調和，就可知道該怎樣回答各人。」（歌羅西書四章6節）人，不是不可以發怒，但要學習不要暴怒；容易暴怒的人，即便立場是對的，也常得不到認同。

說話，是一種防身術！在這個充滿無形衝突的社會，我們固然不需要用話語去攻擊別人，但仍必須學會說話以「防身」。學會「快快的聽，慢慢的說，慢慢的動怒」這三個原則，可以在社會上簡單的見招拆招，爲自己化去許多不必要的麻煩上身。

名人留言版

緘默和謙虛是社交的美德。

——蒙田（法國思想家）

八分滿的自信

記得《商業周刊》曾經訪問過一位有名望的企業家，問他的處世之道。他回顧自己的職涯，語重心長地說道：「回想起過往，每當我開始自以為聰明的時候，就是我差不多要失敗的時候。」我非常喜歡這則專訪。可不是嗎？過度的自滿往往壞了事。

這也讓我聯想到曾經有人評論《鐵達尼號》沉沒時，因為船上救生艇數量不夠，進而造成重大傷亡的事件，該篇評論獨到地指出該次人為疏失並非「太不小心」，而是「太有自信」！因為主事者太有自信，認為這艘船根本不可能沉沒，進而連救生艇也自認不需帶足數了。

「自信」是好事嗎？自信的定義是「對自己的存在有價值感」，肯定自己存在的價值。若用此定義來看，有自信當然好！但太有自信，往往就變成了過度自我，是以我們所需培養的自信應是「八分滿的自信」！

的確，過滿的自信會讓人「看不見自己的盲點」，導致自己被自己的盲點給牽制卻不自覺，甚至還把自己所面臨的瓶頸全歸咎於他人與環境。

過滿的自信甚至會讓人「勇於做虧心事」，那些貪污的、偷情的，許多都是「藝高人膽大」！認爲以自己的經驗與縝密的心思，一定不會東窗事發；但太自我、太有自信的結果，卻往往是重摔一跤。

過滿的自信亦易讓人失去一顆「敬天」的心，因著過去的成就與見識，開始覺得自己的經驗可以掌握一切，而忘了舉頭三尺有上帝。然而，明日要生何事，自己豈能全然知道？

自信，是一個人心理是否健康的重要指標。人不能沒有自信，但自信心有個「八分滿」就好！若過了頭，必然誤事。願我們都能爲自己的人生培養「八分滿的自信」，活得健康而穩當。

名人留言版

我相信我們應該在一種理想主義中，去尋找精神上的力量；這種理想主義既要能不使我們驕傲，又能使我們把希望和夢想放得很高。

——居禮夫人（諾貝爾物理學獎、化學獎得主）

合作「有」間

曾經耳聞一位大師級人物，在專業上的表現極受肯定，但卻讓許多人敬而遠之，甚至與許多人結怨頗深，何故？原來，本身能力極強、評析能力極佳的他，沒有辦法容許對方的一點不完美，旁人只要有一點差池，就會被他或說教、或揶揄；久而久之，傷了許多人的心，也傷了他在別人心目中的形象與評價。

也曾經見過一位積極欲融入某團體的朋友，爲了向該團體內的人示好，便積極「關懷」那些人，只要聽說有誰可能心中有難受之處，她便會忽然出現在他面前，積極地詢問並關心他們的感受，希望藉以展現自己與他們的親暱與熟絡。然而，這樣過度的關心，卻引起該團體內不少人的不適，心中紛紛嘀咕著：「這人怎麼跟我都還不熟，就一直喜歡來『挖』我的心事？一直強迫我跟她分享一些很私人的感受？」她本是一番好意，希望能藉此與那些人有更好的互動，卻弄巧成拙，讓許多人一見著她，便想敬而遠之。

類似上述的兩個眞實例子並不是罕見的個案。有個形容詞叫作「合作無間」，但我認爲，在現在這個工商社會，恐怕人與人之間所需要的是「合作有間」。何謂「有間」？我指的是「留點空間給對方」，與人合作、互動時，容許對方的笨、容許對方的倔強、容許對方的不完美；與人往來時，也容許對方留點隱私。適度的留給彼此一些空間，大家的合作、相處才會愉快。

這世界上沒有聖人，您我本身也都不會是，是以每一個人都會有缺點或私密的想法。留點空間給別人，懂得包容別人的缺點，尊重別人的隱私，這樣的人合作起來才會愉快。

您說是嗎？

名人留言版

生命，那是自然付給人類去雕琢的寶石。

——諾貝爾

恨，不能使鐵成鋼

有一位朋友，氣沖沖地跑來向我「告狀」，或該說是訴苦，說她在某個週末的晚上，帶她生病的兒子去她們居住地的一間醫院掛急診，但急診室醫師的態度卻極爲傲慢、怠忽；雖說不是會立即要了人命的大病，但急診醫師的態度卻讓他們覺得很無助與委屈。講著講著，一度考慮要去投訴那位醫師，算是給他一點顏色瞧瞧吧。

後來，我又碰到了那位朋友，再談到她上次的急診事件後續處理，沒想到她竟說：「後來，我寫了一張卡片給那位醫師。」我有些訝異，她不是要去投訴他嗎？她接著說：

「我做了一張卡片給那位態度不好的醫師，當中附上了一些《聖經》中的祝福話語，並表達當天我身為病人家屬的心情，有勸勉也有鼓勵，但多半是造就人的鼓勵好話。」

我聽了既佩服又感動！我不知道那位醫師收到卡片之後會作何感想？如果是我，我若接到病人家屬這樣的卡片，我可能會因爲如此以德報怨的回應而「羞」到無地自容，並改善自己的臨床態度。

當然，她處理那位急診醫師的方法，或許不是唯一可選擇的方式；但她這樣的處理方式，讓我既佩服又感動。

華人有句話說「恨鐵不成鋼」，但在許多時候，我們卻也常忽略了另一個事實——「恨，不能使鐵成鋼」！無怪乎所羅門王曾說：「恆常忍耐可以勸動君王；柔和的舌頭能折斷骨頭。」（箴言廿五章15節）在廿一世紀，很多時候若直接去恨、氣、罵……一個人，不但於事無補，反而讓他更下不了台、心更剛硬。

然而，我也必須承認，有時候有些人很需要給他一些

「當頭棒喝」！是需要有技巧地給他一些提醒與建言；但如果他實在是自我感覺良好、或是實在不願意改，而我們的修養又作不到所羅門王所說的那樣能夠對他「恆常以勸」，那麼其實也不值得去「恨」他，或是花太多精力去氣他、罵他；這時，如果是我，我寧可迴避，並盡量把目光轉移到自己的身上。爲什麼？因爲「與其把時間用來批評別人，不如把那些時間用來經營、栽培自己」，您說是嗎？這至少也比把時間花在批評他，要來得正向多了。

恨，有時反而不能使鐵成鋼！而且還會傷了自己的身體，多划不來啊！這世上不可能都是我們認爲可愛的人，用有智慧的態度去面對某些人，並把時間分配在對的地方，才會活得更有品質。

名人留言版

當我們誤用生命的時候，生命並無價值。

——狄更斯（英國文學家）

生活，不要變成「軍備競賽」

有個人，總是穿著一雙不合腳的鞋子出門，對他自己造成了不小的困擾。一天，有人好心地去看了看他腳上穿的鞋子，對他說：「你這雙鞋子太大了呀！根本不合腳。你瞧，都磨出水泡來了。換雙小一點的鞋子吧！」他卻回答：「那怎麼可以？花同樣的錢去買一雙鞋，我當然要買雙大一點的啦，這樣才划算啊！」

也許，我們會覺得故事中的這位先生很傻！但這不正是許多現代人的寫照嗎？腳要穿得舒服，鞋子不一定是要買越大越好；同理，日子要過得舒適，手機不一定要追求越新越好，學歷不一定是越高越好，名牌包不一定是越貴越好，賺錢態度不一定要越拚越好。

有時，現代人對某些事物、物質的過度焦躁追求，彷彿已成了一種「軍備競賽」！看到別人有，我也要有！不然會被比下去！這樣勇於「升級」的精神，如果適度地用在有目標的生涯規畫上，叫作上進；但這樣的精神若被用在某些不必要的物質花費上，則顯得盲目。

我非常喜歡《聖經》中的保羅這個人，他是一個學養豐富的知識分子，也絕對堪稱是個上進的人；但他在評述自己一路以來所作的努力時，說了句名言：「我奔跑不像無定向的；我鬥拳不像打空氣的。」（哥林多前書九章26節）他是一個上進的人，但他卻不是一個盲目從眾、盲目趕流行的人。他知道自己哪些方面該更好，哪些東西不必太在意；他，清楚知道自己人生的價值與意義，知道怎樣才適合當下的自己。

生活，千萬不要變成「軍備競賽」！一天到晚盲目地同鄰人比機型、比行頭、比學歷……，這樣的人生，您不累嗎？倘若這樣一味盲目的升級，能換來真幸福、真平安也還罷，若只是換來一個尺寸「不合腳」的人生，那又何苦呢？

名人留言版

金錢帶來的快樂有其極限，超過了某一點之後，它只是帳面的數字而已，並不能帶來更多的快樂。

——尼爾．賽蒙（美國劇作家）

心情，決定了你的行情

曾經讀過一則童話故事，說到烏鴉向喜鵲抱怨，說這世界對他不公平，因爲他到哪兒都被人嫌，不像喜鵲那樣處處受歡迎。喜鵲便勸告他：「這是因爲你飛到哪兒都吐露哀音呀，如果你能不要這樣哀怨，多發出帶給人快樂的聲音，飛到哪兒大家都會很歡迎你的。」

這讓我想起，有回請教一位職場上的前輩，當他面試新人時，最先考量、打聽的是應徵者哪方面的條件？他毫不考慮地回答：「看他這個人好不好相處。」他的回答也許不能代表所有的職場文化，但確實也反應了許多人的心聲：誰想跟一個成天臭著臉的人相處呢？

心情，決定了你的行情！包括了在職場上的行情、婚姻市場上的行情、朋友交往間的行情。當我們先調適好自己的「心情」，學會不習慣性的埋怨、不輕易遷怒於人時，自己在各方面的「行情」自然也就會提升了。

而如何讓「心情」變好？在生活中至少有兩個作法是可以實踐的：

多回憶那些使自己快樂的事

聖經中十三卷書信的作者保羅教導我們要懂得「凡事謝恩」，這看似是高標準的教條，但其實「謝恩」是一帖非常好的心靈處方。當我們多去回憶那些快樂的生活片段時，我們會發現自己的生活竟有這樣多美好的人與事，心情也就會自然喜樂了起來。

偶爾給自己一點驚喜

其實，上帝在每個人的生活中都安排了許多唾手可得的驚喜素材，只是我們有時太煩，煩到忘了去看那些上帝爲我們所預備之唾手可得的驚喜。比方說，偶爾多繞點路去聽聽公園裡的鳥叫聲、偶爾在路邊的便利商店買個霜淇淋、偶爾在某個特別的日子送自己一份禮物。這些看似低成本的小動作，都會大大改善我們平時的心情指數。

心情，決定了你的行情！不要讓壞情緒影響自己、殃及旁人，以致使自己在各方面的行情跌停板。願我們都能常擁有美好的心情。

名人留言版

有時，極小的事能左右生命的方向。

——戴德生（英國宣教士、內地會創辦人）

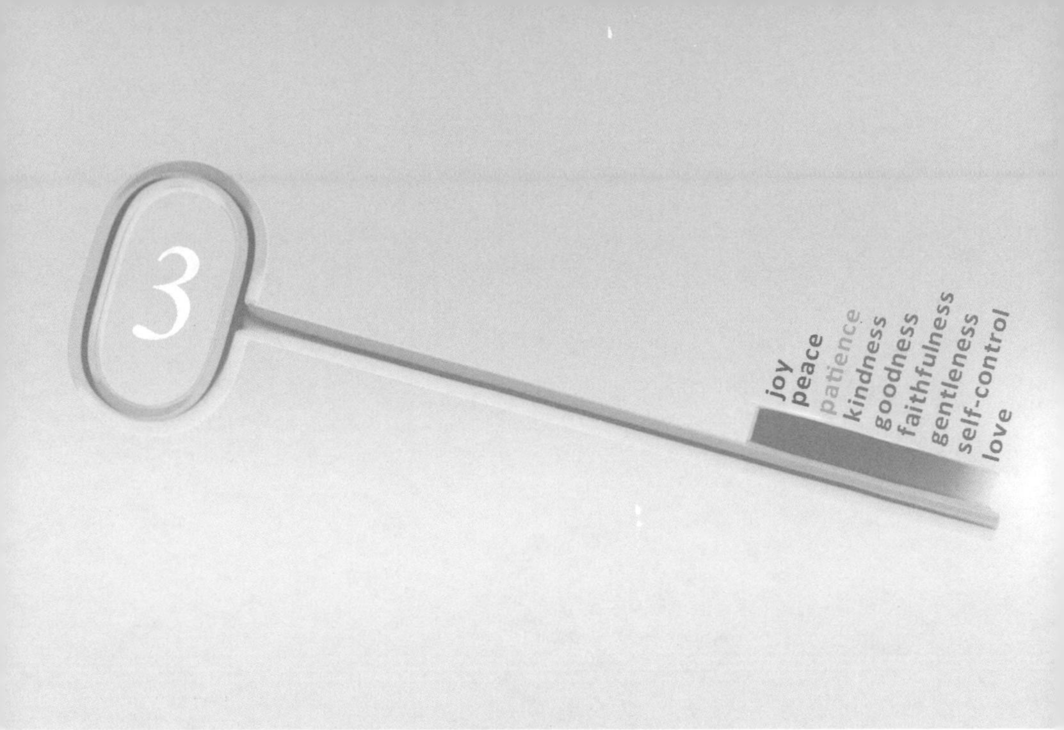
3
joy
peace
patience
kindness
goodness
faithfulness
gentleness
self-control
love

忍耐。

失敗，是一所神學院

有人說，社會猶如一所大學，因爲會讓人經歷各種高低起伏，學到許多學校中所學習不到的寶貴功課。如果順著這個比喻來引申，則我喜歡進一步形容：失敗，是一所神學院。許多看似失敗的過往，其實是有著上帝的美意，足以讓我們學到許多寶貴的課題。

失敗的出身

可不是嗎？很多時候，「失敗的出身」可能有上帝的美意。林肯被人讚喻爲美國歷史上最偉大的總統之一，他出身在一個貧苦的家庭；而這看似輸在起跑點上的條件，卻讓他在執政之後，成爲一個懂得體恤人民的領袖，特別是那些低下階層分子，而這也成爲他在歷史上最被尊崇的主因。如果他沒有生長在一個貧苦的家庭，他可能無法有這樣的心腸與作爲。

失敗的經歷

有時，「失敗的經歷」也可能有上帝的美意。我很喜歡舉《聖經》中的埃及宰相約瑟爲例子，他在埃及的前期眞是倒楣透了！一表人材、能力卓越的他，竟被人給誣陷是性騷擾分子而鋃鐺入獄。那不只是遭遇失敗，更是身敗名裂了！但因著入獄，他數年後卻因緣際會地有機會見到當時的法老王，進而成爲埃及的宰相。

失敗的戀情

很多時候，「失敗的戀情」亦可能有上帝的美意。記得我在輔大醫學院擔任院導師任內，在主持某次院導師會議時，我刻意邀請了一位優秀的諮商師來作「愛情輔導」的專題演講。在許多人心目中是這方面的輔導專家。而在她作自我介紹時，投影片上的學經歷竟故意莞爾地加了一條「談過十場戀愛」，全場教授們看了無不哄堂大笑！也讓我這個主持人見識到她的幽默。就我所知，她的戀愛不都是歡喜收場的；但也因著這些看似失敗的戀愛經驗，讓她更瞭解感情受傷者的心理、更知道該怎樣去幫助那樣的人們。

失敗，是一所神學院！許多的「失敗」當中，其實有著上帝的美意。偶爾會見到有些人短視、膚淺地把眼下的成與敗視為是一個人蒙上帝賜福與否的依據，甚至自以為義地用許多宗教字眼去評述那些不夠成功的人或團體。事實上，上帝的智慧何等難測！很多時候，失敗的出身、失敗的經歷、失敗的戀情，都可能成爲上帝使一個人變得更好的方式。君不見許多從「失敗」這所神學院中「畢業」了的人，在該方面都脫胎換骨、深度不凡嗎？

親愛的朋友，您正面臨失敗嗎？從中找到上帝要您我學習的功課，有朝一日，您現在的經驗會成爲未來許多人的祝福。

名人留言版

每一次的失敗，是走上成功的一階。

——陶頓（義大利作曲家）

怨言，就像垃圾車的音樂

我父親對許多學醫護的人而言，猶如一本活病歷、活教材。他小時候就生過一場大病，幾乎丟了性命；長大後，歷經肺病、肝炎、扁桃腺癌……等，開過不少次刀，住過不少次院。說眞的，從人的角度來看，我父親眞可說是個「倒楣」的人。他的職業是一位牧師，或許是因爲自己生病的經歷，他特別喜歡去關心身體有病痛的人及其家屬們，也特別能體會那些人的心情。

允許自己哭五分鐘

有一次，我碰到一位傳道人，她父親先前重病時，我父親曾多次探望並安慰，所以我們身爲第二代的，彼此見了面便覺得多了份親切感。她對我述說當年她在她父親病重時，我父親所教給她的一個祕訣，說：「人不可能不抱怨、不難過；如果眞的忍不住了，也要『允許自己哭五分鐘』，哭完了，就把情緒收拾好，再勇敢面對困難。」

我很喜歡這個「允許自己哭五分鐘」的教導！當然，這所謂的「五分鐘」是個形容詞，意思是要幫負面情緒的宣洩設個停損時間點。人不可能是聖人，不可能永遠維持正向與喜樂，情緒自然有時需要宣洩，然而一定要有時間的停損點；無論是在怎樣的病痛、挫折、窘境中，若一味地發洩負面情緒，變成一種習慣，則事情也將越變越糟。

我喜歡這樣形容：怨言，就像垃圾車的音樂，只會為您招來更多的「垃圾」！當然，此處的怨言指的是「習慣性的

埋怨」。爲何我會這樣形容？身爲一個精神科的治療師，請原諒我這樣講，我看過很多有志難伸的人，因而養成了習慣性的埋怨，埋怨自己的運氣、埋怨自己的環境，甚至在潛意識中排斥那些順利的人；而他們的「怨言」，就眞的像「垃圾車的音樂」一樣，爲其人生吸引了更多的負面言詞與人、事、物。很抱歉，我把這些人的處境形容得這樣入骨。但我是出於善意的，如果您有這種習慣性的埋怨，好不好，請開始嘗試去改變這樣的習慣，我不忍心看到有人處在這樣的惡性循環中。

怨言，就像垃圾車的音樂！人，當然不可能不埋怨，但不要變成「習慣性的埋怨」。如果眞的有什麼苦痛過不去，或有什麼現象覺得不甘心，那麼不妨就「允許自己哭（罵、吼、叫……）它個五分鐘」！但待跟自己約定的時間到了，就停下來，停下多餘的怨言，收拾好情緒，繼續迎戰有意義的人生。

名人留言版

不要因為一次失敗，就放棄你原先想達到的目標。

——莎士比亞（英國劇作家）

壓力的「四放」

如果您至網路搜尋引擎的新聞搜查上，鍵入憂鬱、焦慮、壓力等字眼，會發現能搜尋到的新聞還眞不少！一個人有憂鬱、會焦慮、有壓力並不稀奇，但一個人的憂鬱、焦慮、壓力大到讓他上了新聞，成了社會新聞事件，那可就眞是讓人不得不重視。

每一個人都會有憂鬱、焦慮的時候，但要如何釋放自己的壓力?身爲一個精神科的治療師，在此提供「四放」壓力的方法，供大眾參考。

放眼

許多人之所以會感到無比的壓力，是因爲「把所有的注意力全集中在某個令自己焦慮的點上」。但世界何其大！放眼望去，除了那個令自己焦慮的點之外，其實世上還有許多值得自己慶幸與怡然的事。眼目放寬一點，壓力自然就小了。

放手

人生不可能什麼都得到，不可能什麼都握在手裡。該放手時就放手，強握在手裡的幸福，有時不但不是幸福，反而可能會傷了自身的未來。

放膽

人在躊躇不決時，感受最是煎熬、痛苦。但若實在是不得不去做的事，不如就放膽去做吧！失敗了，大不了就當學個經驗，作為日後的知識基模，也未嘗不是好事。

放下身段

人為何會感到壓力？許多時候是「面子」問題，是把別人對自己的三言兩語看得太重要；而那些三言兩語能對我們的心情有多大的殺傷力？端看我們用怎樣的身段去面對它。學習放下身段，笑笑就過，壓力也就自然小了。

每一個人在各自的生活中都有不同的壓力源，進而導致憂愁、焦慮；但聖經中有句名言：「你們哪一個能用思慮使壽數多加一刻呢？」（路加福音十二章25節）可不是嗎？過多的憂愁、焦慮，對於改善現實生活中的問題並沒有直接幫助。面對壓力源，學習「四放」：放眼、放手、放膽、放下身段，那麼它對您心靈健康所造成的殺傷力就會變小。

名人留言版

應該相信，自己是生活的強者。

——雨果（法國作家）

饒恕，是心靈的仰臥起坐

我很喜歡一個故事，講到一個上班族有情緒方面的困擾，長年定期去求助一位精神科治療師；那位治療師也定期為他的身心狀況作評估。後來在某一次，他又去那位治療師那裡光顧時，治療師卻驚訝地發現他在各方面的身心指數均改善許多！治療師不可置信地問他：「你最近有接受其他的治療介入，或是發生了什麼特別的事嗎？」那位長期受情緒所苦的上班族想了想，恍然大悟，說：「我前一陣子選擇打從心底去饒恕一個曾經傷我很重的人。」

饒恕，竟可為一個人的身心健康狀態，帶來如此大的正面影響力！

這世界上，大概沒有人不曾被人得罪過；也恐怕沒有人不曾得罪過別人，甚至有時無心的一句話、一個小動作，都可以得罪人。換言之，我們其實活在一個時時可能被人得罪的環境！所不同的是，有的人容易被得罪，有的人不容易被得罪；有人習慣選擇饒恕，有人易耿耿於懷。

而「饒恕」不是故意表現出不在乎的樣子，而是打從心底的釋懷。無怪乎在《聖經》中，有幾處把「饒恕」與「釋放」視作同義詞。但凡事一定得要選擇饒恕嗎？也許沒有標準答案，但同樣身爲精神科的治療師，我喜歡這樣比喻：饒恕，是心靈的仰臥起坐。爲何我形容「饒恕」是「心靈的仰臥起坐」？主要是因爲以下三點：

學習「饒恕」，可以連帶為自己減去「過胖的自信」

饒恕的背後，往往需要有「謙卑」當作基礎。一個「過

度自信」的人也許可以做到「不屑去看對方、不屑去計較」，但不一定能學會「饒恕」，不一定能將心比心去體諒對方的軟弱、意識到自己也可能犯下許多錯，進而眞正打從心底去寬恕對方。所以當我們願意學習去饒恕時，無形中也會連帶減去一些「過胖的自信」。

「饒恕」一開始練很辛苦，但越常練，做起來就越輕省

沒有人天生就會饒恕！事實上，饒恕就像仰臥起坐一樣，需要練習，甚至一開始作會甚覺辛苦、力有未逮，但久了，就會越作越輕省，慢慢覺得不再是負擔；但反之亦然。

「饒恕」可以使心靈更加健壯

一個懂得饒恕的人，久而久之，往往心理較健康，心情較愉快，甚至連帶影響生理，讓心血管疾病發作的機會降

低。饒恕，就像仰臥起坐一樣，可以促進健康。

學習「饒恕」，可以幫助一個人減去過胖的自信、可以強健人的身心，且在實踐上是越練越輕省。所以我說，饒恕猶如「心靈的仰臥起坐」；讓自己學會真正的釋懷，不但不會「內傷」，反而可以「讓心靈更加健壯」！凡事一定得要選擇饒恕嗎？也許不一定，但它確實是一個很值得養成、練就的好習慣，您說是嗎？

名人留言版

懿行美德遠勝貌美。

——富蘭克林（政治家、科學家）

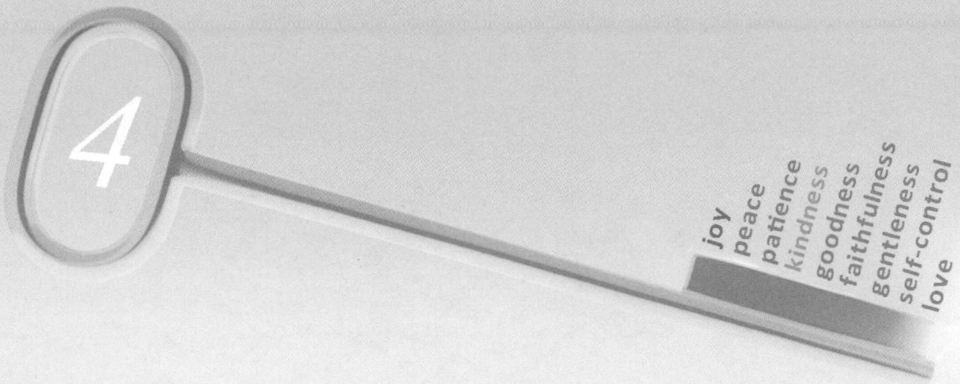
4
joy
peace
patience
kindness
goodness
faithfulness
gentleness
self-control
love

恩慈。

確幸，確定了就會幸福

曾經讀過一則二次世界大戰的軼事，說到有名軍官在準備要槍斃一群戰俘時，給了他們兩個選擇，一是接受槍決，二是從某個幽暗的洞口俯身爬進去，但不告訴他們那洞裡是什麼。令那軍官意外的是，所有的戰俘全選擇接受槍決，而不願爬進那個洞；其實那洞口直接通到外面，爬出去等於就有機會重獲自由了，但面對未知的狀況，戰俘卻寧可一死。

就心理安適的角度而論，「不確定感」確實比許多已知的難題，更易造成人心更大的壓力與恐慌。一個等待重大疾病檢驗結果的人爲何愁煩？因爲不確定感，不知檢驗結果究竟是好或有多壞；一個等待研究所放榜的考生爲何焦慮？因爲不確定感，不確定人生下一站在哪；一個苦追窈窕淑女的男子爲何被得失心所苦？也是因爲不確定感，不確定自己所付出的感情會否得到青睞。在廿一世紀，「不確定感」確實已是許多憂鬱甚至情緒困擾背後的主因。

相對的，當生活中篤定、可預知的事越多，心就會越定，情緒也就越易健康。村上春樹曾提出一個詞——「確幸」，何謂確幸？似乎每個人都已各自有一套表述與體悟，而若讓我來解讀，我認為「確幸」就是「確定了才會幸福」；生活中不確定的事越多，不確定感越強烈，就越不可能有太多的幸福感。這是我個人對「確幸」兩字的新解。

說來有趣，談到心理健康，新聞曾報導葡萄牙波爾圖大學近來有份研究，發現常上教堂的人，心理健康狀態較佳，什麼原因？我認爲若我們去看《聖經》裡的一些話，便會發現這份信仰眞是會給人帶來較多的「確定感」。比方說：許多現代人在職場上常遭到背後的惡意算計與中傷，讓人覺得孤立無援，但《聖經》上卻告訴世人：「我遭遇患難，祂必暗暗地保守我。」（詩篇廿七篇5節）許多年輕人面臨多變的社會，生涯規畫陷入迷茫，不知未來的路在哪兒，而《聖經》上卻告訴世人：「祂必指引你的路。」（箴言三章6節）

《聖經》上出現了很多「必」這個保證詞，用以應許人生在世雖有困頓，但上帝必會看顧每一個人；相對於「必」這個詞，《聖經》中幾乎很少出現過好像、應該、可能……這類模稜兩可的敘述詞。是以在我看來，葡萄牙學者研究出常上教會的人，其心理健康狀態較佳，其實是很合理的！因為「確幸」，就是「確定了才會幸福」。也許許多常上教會的人一樣會面臨人生的困境，但他們卻確定自己有上帝的看顧與帶領；甚至即便有一天要離開人世了，他們也確定自己將往更美好的世界去。這樣篤定的人生觀，怎能不「確幸」、不幸福呢？

確幸，確定了就會幸福！《聖經》中有許多「必」、

「必然」、「必定」這樣的安慰句，多讀讀這些句子，我們會忽然驚覺，原來自己的人生竟也可以這樣的穩當，這樣的篤定。

名人留言版

生命中沒有信仰的人，有如一個沒有羅盤的水手，在浩瀚的大海裡隨波逐流。

——但丁（義大利中世紀詩人）

家人，就像白開水

念中學時看過一則新聞，讓我至今仍印象深刻！新聞報導了一場拳擊賽，在拳擊賽中，一開始雙方均在拳頭上互有攻防；但隨著時間一分一秒過去，雙方的實力差異也開始展現出來，有一方開始慢慢處於劣勢，最後終被打得幾乎潰不成軍。而就在將贏的那一方快要勝出時，忽然間，一個老太太竟在眾目睽睽下衝上了拳擊台，脫下腳上的高跟鞋，含著淚向著即將勝出的那一方激動地猛打！這一幕把所有人都看呆了，那位將贏的選手也愣得不敢還手。

一個老太太，怎麼「敢」上前去打一個孔武有力的拳擊手？怎樣會激動到在眾目睽睽之下失態地衝上台？後來大家才弄明白，原來，她是另一位被打得慘不忍睹的選手的媽媽。看到自己的兒子被打得如此淒慘，天生的母性使然，一股不捨與揪心之痛湧上心頭，忘了那只是一場比賽，忘了自己應有的儀態，便一股腦兒衝上前去想要保護自己的兒子。當然，後來比賽因而中斷、沒有繼續下去，但媒體與大會也都不忍去苛責那位老太太；而她衝上前的那一幕經電視不斷播放後，也讓許多人爲之動容。

這則新聞一直讓我回憶起來覺得很感動。很多時候，「親情」這玩意兒就像「白開水」，平時沒事的時候，常讓人感覺很平淡，平淡得讓人忘了它的存在；也很無味，甚至索然無味到有些煩人，然而，我們卻每天都需要它，甚至深受其惠。

就像我們生了病要吞藥丸時，不太會配烈酒、汽水、辣湯等飲品一樣；在我們最軟弱的時候，「白開水」往往是最佳的天然飲品！它對我們的好、它對我們的重要性，往往要等到某些時候才有機會顯示出來，才能夠深刻感受。

可不是嗎？家人，就像白開水！我們有時根本不記得自己今天的哪些時候曾不知不覺地喝了它，不會去細數自己一天當中享用了多少的量；但不可否認，我們卻每天受惠其中；因著家人的存在，強化了我們的身心健康，代謝了我們累積在心中的鬱悶與毒素。他們的存在可能起不了什麼「神奇的大妙用」，無法使我們起什麼太劇烈的神效或味蕾刺激；但任何時候沒有了他們，一般人都無法活下去。

家人，就像白開水。很重要，我們每天受益，但我們卻也最容易浪費，或忘了他們的存在與貢獻。珍惜您我的家人，我們的人生一定會更健全。

名人留言版

無論是國王或農夫，家庭和睦是最幸福的。

——歌德（德國文學家）

挫折，就像是一道甜點

因爲寫書的關係，週末偶有機會四處演講。每次演講固然都有不同的主題，但無論是哪種主題，我有時會喜歡在演講中穿插一些自己過去曾面臨到的挫折、糗事，讓演講生動一些，也彌補自己過於拘謹所可能與聽眾造成的距離感。

近年來，總有聽眾在聽完演講後，跑來對我說他們非常喜歡我所提的那些「失敗的經歷」，認爲非常激勵他們。其實，我在演講中所提的那些挫折、糗事，並不是整個演講所要傳達的重點，但卻常讓某些聽眾印象深刻。

我在大學教的是醫學院的科系，有時在某些學生去醫院實習碰到瓶頸時，我也喜歡分享一些自己當年在醫院實習時所遇到的挫折。後來，曾有學生私下對我說，這些過往的糗事對他們很受用，讓他們更有勇氣與精神去面對自己的臨床實習。

而這樣的例子不只發生在我身上。C君是我一位好朋友，他曾經在創業過程中一度遭遇到很大的困境；但在某一次困境中，卻因著信心與努力而奇蹟似的回穩。而這段經歷，他每每分享給身邊的人，也總是得到不少的回應。

有時回過頭來看，挫折，就像是一道「甜點」！見過一群人聚在一起喝下午茶的畫面嗎？甜點總是最受歡迎、最誘人的；而在正式的宴席上，它雖非主角菜色，但有了它們，卻總是能點綴整場飯局。在與人互動的過程中，挫折也是一種「很討喜、很適合拿出來與人分享」的玩意兒！自己過去曾經面對過的窘境，事過境遷後，很可能是別人在面對各自困難時的咖啡因，可以讓人精神爲之一振。誰說人生中的挫折，一定是負面的呢？

親愛的朋友，您怎麼看待自己生命中的某些「挫折」呢？也許您正在經歷它們，若是如此，那就設法勝過它們！走出它們！也許有一天，這些過往與經歷，也會成爲旁人的幫助，也可以成爲您在與人分享時的心靈「甜點」，深得眾人的共鳴與喜愛！

名人留言版

問題越是困難，就越有趣。

——安德魯·卡內基（美國鋼鐵大王）

捨己？成己？

從前，有Ａ、Ｂ兩位青年，這兩個人背景非常像，同樣分別生長在一個貧窮的村落裡，而且同樣古道熱腸。後來，他們漸漸看到了村子裡的需要，各自看到村子裡缺乏建設，並有許多需要幫助的窮苦人家，於是，兩人都下定決心，要好好幫助自己的鄉親。

Ａ君在看到村裡的需要之後，內心澎湃不已，二話不說，捨棄了去城裡念大學的機會，放棄了去城裡的夢想，決定留在鄉里犧牲奉獻，服務家鄉的窮人。幾年過去了，他的德行在鄉里間傳爲佳話，他也選擇繼續跟窮人們生活在一起，繼續委身在那僻壤奉獻自己。

B君也決心幫助他家鄉的窮苦人家，但他的作法完全不同，他並沒有守在鄉里，而是選擇到城裡去半工半讀念完了大學，並留在城裡繼續打拚。好幾年下來，幾乎沒有花太多時間在自己的故里。又經過幾年後，B君在城裡的事業發達了！幾年奮鬥下來，他成了一位小有名氣的企業家。於是，他開始回到自己生長的B村來設點，創造就業機會；他還設了一筆基金，專門用來幫助家鄉的窮人，甚至爲家鄉在外求學的學子提供獎學金。久而久之，B村不再是個以前那樣的窮人村，工作機會變多了，下一代的水準也提升了，整體而言也就漸漸繁華起來了。

A君與B君，同樣愛家鄉，也同樣有抱負，但兩人的作法卻截然不同！A君的作法，我稱之爲「捨己益人」，他選擇捨棄自己的前途、放下自己原先的事業心，跟有需要的人們生活在一起，並幫助他們；B君的作法，我則稱之爲「成己益人」，他選擇先成就自己！先壯大自己！之後再挾著豐沛的成就與社會資源，回到鄉里來回饋鄉親。

如果您要問我，上述這兩位，哪一位比較偉大？我相信，在上帝眼中，他們都一樣偉大、一樣高尚，因爲他們的「動機」都是一樣的，而上帝是看人內心動機的神；而如果您要問我，社會比較需要哪一種人？我覺得兩種都需要；至於我們該效法哪一種人？則端看個人的感動與異象。

當我們看到人們有需要時，究竟應該捨棄、犧牲自己去幫助別人？還是應該先壯大自己再去幫助別人？究竟應該「捨己益人」，還是「成己益人」？沒有一定對與錯，只要動機是純正的，那麼都會是一件美事。

名人留言版

真正衡量一個人價值的方法中，要包括別人可以從你的成功得到多大的好處。

——古勒・韓道華

過度關心，讓人把心關

曾經有位朋友滿懷期待去加入了某個團體，然而，當他後來再跟我提到那個團體時，竟是面露不悅，甚至表達自己很受傷。當下我其實有點意外！因爲那個團體在外的名聲非常好，在我的認知，加入那團體應該可得到不錯的關懷或造就。我便問他：「究竟這團體是哪裡令你不滿意？」

朋友娓娓道來，說到他剛進入那團體時，便有人積極地來「關心」他。這其實是好事，但來關心他的人沒多久就開始問到他許多私密的事，並一再表示希望能針對那些問題更瞭解、幫助之；甚至有些強勢地一直觸及他的私人問題，並

很快地給予他意見。這種態度，反而讓我那位朋友頗感違和，便覺得不想再繼續融入那團體。

就我的觀點來看，那團體的人對我朋友絕對是出於善意的關心；也正是基於關心，才會探問了那麼多他私人的事，並期待能協助。但這樣的過度「關心」卻反而造成了當事人的不悅，反而造成了「心關」，讓當事人更想把「心」門給緊緊地「關」上！

其實，在會談倫理上，一個人能問當事人多隱私的問題？能給當事人多入骨的建議？不在於表達關心者擁有怎樣神聖、專業的頭銜，不在於輩分，不在於血緣關係有多近，也不單在於說話的立意是否良善，乃在於您與當事人的關係建立得有多深！如果您跟當事人的關係還不夠深，就問了一堆當事人個人的私事，即便動機是善的，如此過度的「關心」，也會造成對方的「心關」，反而讓當事人更把心門給緊緊關住，更想把您給拒於心門外。

過度的「關心」，即便動機是善的，卻都可能反而讓當事人把「心關」！其實一個人會表現得過度關心，背後有諸多可能，例如：可能是出於焦急，或是錯估彼此的交情、說話的時與地，甚至可能是出於某種不自覺的優越感，但總歸都是無心的；無論「過度關心」的背後原因為何，當盡量提醒自己避免上述這些因素，就能避免自己對當事人作出過度關心的表現，免得讓您的關心適得其反。

名人留言版

懂得交談只有一個祕訣：懂得傾聽。

——摩爾利

優秀的人不一定快樂，但快樂的人往往優秀

曾經有人問我：「怎樣可以看出一個人大學畢業後是否會表現得優秀？」這是一個很難回答的問題，我只在醫學院專任過教職，而基本上各個學院之間的狀況勢必不同，各人被影響的因素也太多，很難有一個定論。但我這幾年在職場上發現一個有趣的現象：「優秀的人不一定快樂，但快樂的人往往優秀！」

可不是嗎？職場上許多人很努力、表現很傑出，但他們卻不一定快樂；然而，一個懂得在自己的職場上找到樂趣的

人，表現卻往往不會太差！後者的現象雖不見得是百分之百的鐵律，但卻是常見的現象，至少是合理的現象，原因至少有三：

快樂的人往往懂得「變通」

一個快樂的人往往懂得在思緒上變通，若結果不如預期，就換個角度去想，此路不通，就換條路走，覺得反正換條路也正好有不一樣的風景。這種「變通」的能力不只讓一個人快樂，若應用在職場上更將轉化成靈巧的戰力，擁有比別人更加彈性的思維模式，進而在工作上成爲一種優勢。

快樂的人代表有其「紓壓管道」

每一個人在世上都會碰到各自的難關，一個相對快樂的人，往往代表了其有自己的「紓壓管道」，無論是休閒、運動、上教堂……這些紓壓管道往往也會成爲一種強而有力的支持系統，讓他在遭遇挫敗時能再站起來。您有自己的「紓壓管道」嗎？這不只決定了您的心情，也間接影響了您的成就！

快樂，往往為做事績效加分

許多研究均發現，帶著愉悅的心情去做事，有助於效率的提升；而一個喜樂、正向的人，往往也會吸引更多的「貴人」願意來幫他的忙。是以一個快樂的人，往往能有更好的做事績效。

優秀的人不一定快樂，但快樂的人往往優秀！在這個世代，「快樂」可能已不只是一種情緒，它更是一種「本錢」！一種能使人更優秀的思維習慣與生活態度！您是一個懂得變通的人嗎？您有自己的紓壓管道？您能選擇用喜樂的心去面對工作、而不是讓壞情緒影響工作？這將決定了您我能否成爲一個更優秀的人。

名人留言版

快樂的祕訣就是：千萬不要讓你的精力停動。

——畢卡索（西班牙畫家）

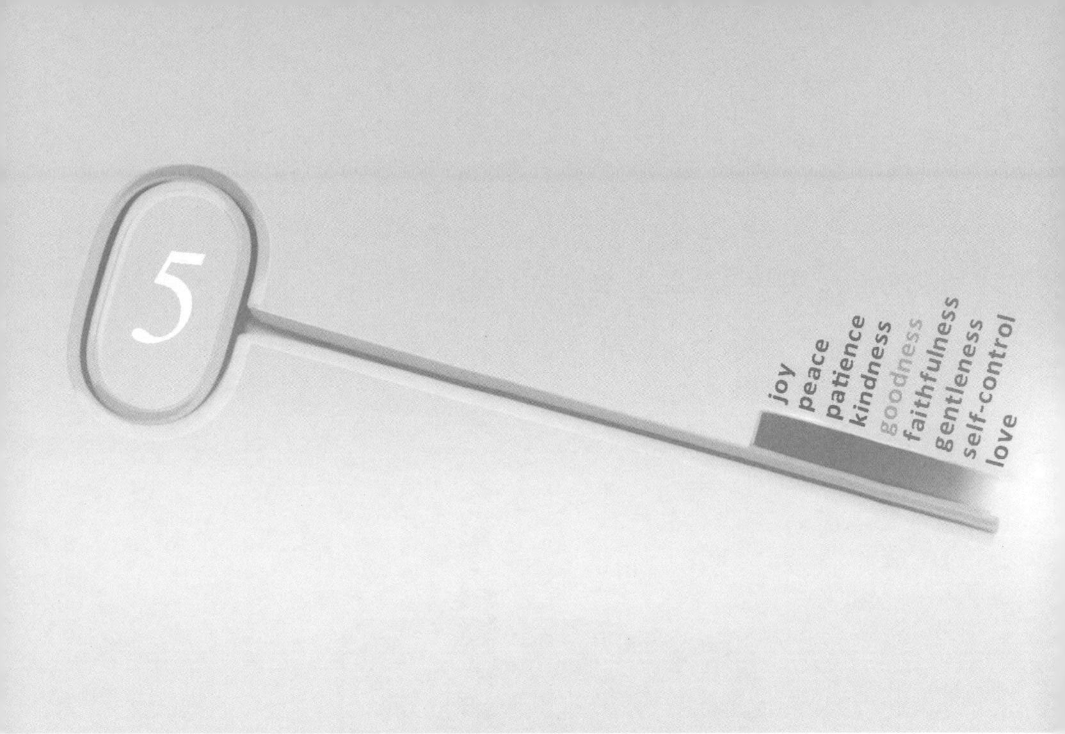
5
joy
peace
patience
kindness
goodness
faithfulness
gentleness
self-control
love

良善。

培養「輸得起」的品格

一九九二年美國總統大選，老布希與挑戰者科林頓對戰激烈，後來老布希連任失敗，科林頓選上了總統。而據說當年發生了一件小插曲，老布希的孫子在學校裡被同伴給挑釁，故意說：「哈哈！輸了吧！輸了吧！你爺爺沒選上吧！」

但當時老布希的孫子並沒有被激怒，反而說：「沒關係，我相信科林頓也會是一個好總統。」

沒有人會否認「品格」的重要，但什麼品格是這個時代所最缺乏的？我認爲在這個講求表面、速成、自我的世代，人們最缺乏的是一種稱爲「輸得起」的品格！

台灣曾發生一件駭人聽聞的事件，一個從小學業順遂，一路念建中、台大畢業的高材生，因不堪失戀的打擊，竟當街用刀砍死了自己的前女朋友；而這位從小功課極佳，努力即能達到成果的青年人，除了學、經歷亮眼外，在鄰居口中亦是一個很「乖」的人，而這樣的年輕人竟犯下如此大案，引起台灣社會一陣嘩然。

要說他是一個壞人嗎？恐怕也不是。就品格而論，能被從小看他長大的鄰居稱讚「乖」的他，平時一定也擁有許多極佳的品格。但一路順遂的他，恐怕就是缺少了「輸得起」的這種品格；不甘心自己的付出竟沒有成果，不甘心自己竟會在情場上成爲輸家，進而爆發，憤而選擇了最激進的方式。

在這個注重速成、講求自我的年代，「輸得起」的人格特質不光是一種德行、更是一種優勢！

一個「輸得起」的人，也會是一個「懂得分享榮耀」的人；無論順境或逆境，他會懂得把掌聲也分一點給別人，或是眞心祝福別人的成功。

一個「輸得起」的人，也會是一個「有進步潛力」的人。因爲輸得起，所以能理性省思自己的不足之處；也因爲輸得起，所以能心平氣和地去欣賞、並客觀分析對手值得學習的優點與長處，進而成爲促成自己進步的重要靈感。

可不是嗎？培養「輸得起」的品格，不但是一種怡然的情懷，更成了一種競爭的優勢。願我們都能擁有「輸得起」的品格。

名人留言版

如果你想要身處某地，當下就要把自己融入那個環境。

——甘地（印度政治家）

分一點掌聲給別人

我曾受過許多師長的幫助，而如果要說哪一位老師對現今的我影響最深，這實在很難回答。因爲，不同的老師對我的人生有著不同的影響，是以很難定論哪一位對我的影響「最」深。而因爲專職工作是在大學教書，雖是精神科治療師出身，但走的較是學者路線，是以當年栽培我寫出第一篇學術論文的老師，應可說是最令現在的我感受較深的。

記得我在臺北醫學大學醫學研究所攻讀碩士學位時，我的指導教授江教授不知怎地，待我非常好！因著他的幫助，我畢業時除了該寫的碩士論文外，還另外發表了四篇期刊論文！此外，他是一個很懂得「把掌聲分給別人」的人。有好幾次，當有人邀請他演講時，如果演講主題跟我的研究方向有關，他都會刻意把演講機會分給我，讓我提早建立在專業領域上的知名度；甚至在某些他意氣風發的場合上刻意提及我，讓人知道我的專長。他的作法確實讓我在那幾年迅速成長，而這樣的無私栽培，讓我至今都很感動。

有人說，學者們總喜歡「獨享光環」，但從他身上，我卻看到了「分一點掌聲給別人」的好榜樣。

說真的，我常很想報答他過去的提攜之情，但江教授的輩分、學術地位都太高，以我的實力很難在實質上「報答」他什麼。那該怎麼辦呢？是以這幾年我作了個決定，也開始選擇多花時間在某些很主動的碩士生身上，幫助其多發表論文，並把與其研究方向相關的演講、曝光機會分與之，助其提早建立名聲；我開始「學」當年江教授幫助我的方式，繼續用這樣的方式去栽培很肯學習的研究生，把這份情傳下去。

但還眞是「授徒方知師傅恩」，當我開始去「學」江教授當年的作法，才體會到這麼作還眞不輕鬆！然而，能繼續把這份情給傳下去，也讓我覺得很有意義。

懂得「分一點掌聲給別人」，是我過去從江教授身上所學到的「身教」，特別是對自己的後輩。如果您喜歡這個故事，而您也行有餘力，不妨也「分一點掌聲給別人」！分一些掌聲給後輩，讓您的後輩因您而受激勵、因您而更上進。

名人留言版

使人高貴的，是人的品格。

——勞倫斯（英國作家）

有種品格叫「寡言」

報載，有越來越多的青年人不喜歡過農曆新年。因爲總會有一群血緣關係雖近、但平時不一定聯絡的人們，在年節時分自以爲熱心地問出許多私人的話題，包括「找到工作了沒呀？」「工作薪水怎麼樣呀？」「有沒有對象呀？」「什麼時候結婚呀？」「什麼時候生小孩呀？」這些唐突的問題，讓許多青年人「煩」得很；而若沒有建立在一定的親密度與交情就去問這些私事，也實屬失禮。也許問者無心，但由平時不太常相處的人驟然問之，確實頗不得體。說話，還眞是一門學問。

談到說話這件事，在這時代越來越多人不只是用口說話，而是用鍵盤說話了。網路崛起的世代，每一個人都可以是媒體，每個人都有一支無形的擴音器可以隨時大聲開講。有時「聽說」某些人犯了錯，便加以大肆撻伐或轉貼某些評論，但這些眞是事實嗎？許多恐怕也沒有加以查證，反正趕流行、跟著人群走就對了。

曾經有人形容「品格」是一個人的資產，但品格的外顯定義是什麼？往往因時、因人而異，但我認爲在這個世代，「寡言」或許也是這世代所缺乏的一大美德！在此絕對不是反對大家仗義執言，更不是鼓勵大家自顧自的事，而是當我們要發言時，不妨先考量這兩件事：

不該「問」而問？

有些事，你跟對方平時往來的交情夠深厚嗎？若是不夠，某些問題該問、該提嗎？一不小心，我們都可能會讓自己成為一個「白目當熱心」的人，自以為是熱心，但久而久之卻讓自己留下了不好的白目風評。慎之。

不該「批」而批？

傳話、批評有時需要特別謹慎，凡事當求盡可能查證，否則寧可先靜默。特別是在這個世代，有時在網路上所說出去的話，就像一把擲出去的飛刀！就算你之後再刪除、收回，也已在那人的身上造成傷口；如果事後才發現是誤傷無辜，總也往往難以彌補。

品格，有很多種，在這個講求自由的世代，或許社會上缺乏的是一種叫作「寡言」的品格。在此不是要大家遇事沉默，而是開口、轉貼、批評前先三思：我會不會不該問而問？不該轉貼而轉貼？不該批評而批評？

《聖經》上說「說話浮躁的，如刀刺人」（箴言十二章18節），「靜默有時，言語有時」（傳道書三章7節），

「言語多，就顯出愚昧」（傳道書五章3節）。話少的人品格不一定好，但一個品格好的人，絕對懂得適時閉口、謹言慎語。在這個世代，有種品格叫「寡言」！願我們都能培養這樣的品格。

名人留言版

有智慧的人質問他自己，愚蠢的人質問他人。

——亨利．阿諾得（美國軍事家）

珍惜願意私下嘮叨你的人

人越長越大、出了社會以後，願意公開捧您、當面恭維您的人會越來越多；相對的，會公開評論您、或在背後批評您的人也會越來越多；越來越少的，將是那種會「願意私下嘮叨你」的人。

您有沒有一種朋友，在檯面上總是力挺你，但卻會偶爾在私下告訴您一些真心話？偶爾給您一些善意的提醒，並真心期待您能更好？如果有，那一定要好好珍惜，因爲這種人眞的會「越來越少」。其實先不論其嘮叨的內容是否有遠見、嘮叨的方向是否正確，一個肯私下嘮叨您的人，至少代表了幾件事：

願意私下嘮叨，代表「在乎」

嘮叨，本質上並不是一件太愉快的事，這個社會很忙碌，扣除睡眠八小時、基本的工作八小時，每天所剩的已不多；若不是因爲「在乎」，誰想嘮叨你，你說是嗎？也許有些人嘮叨的內容與建議實在欠缺智識，但那一份「在乎」仍是可貴的。

選擇私下嘮叨，就不是為了「彰顯優越感」

對方如果要彰顯自己的優越感，大可以用公開闡述、公開留言的方式，來意氣昂揚地論述，如此將更可以在眾人面前顯出自己比你強，而不是選擇在眾人看不見的狀況下給你建議。

敢私下嘮叨，代表「他認為您們的關係夠好」

嘮叨，基本上不是一件討喜的事，甚至在友誼上可能是扣分的。通常沒有人會去跟陌生人嘮叨，除非他認爲您跟他的交情夠好，他認爲您們情誼上的基礎經得起這樣的「扣分」，他才「敢」開口嘮叨。這樣的朋友，值得珍視。

說了這麼多願意嘮叨我們的人的好話，但說實在的，這樣的人有時也很「煩」，偶爾會讓人覺得他們不討喜；然而他們實則無害、且往往有一顆誠懇的心。有時逛動物園，會看到某些保育類動物的展示區外被貼了特別的標誌；或許，我們也應該在心中默默給那些「還願意私下嘮叨」我們的人蓋一個「保育類動物」的標誌。好好珍惜他們，因爲這樣的人在我們生命中，恐怕只會越來越少。

名人留言版

友誼也像花朵，好好地培養，可以開得心花怒放；可是一旦任性或者不幸從根本上破壞了友誼，這朵心上盛開的花，可以立刻萎頹凋謝。

——大仲馬（法國浪漫主義作家）

婚姻，是「雙劍合璧」還是「兩人三腳」？

婚姻，是一輩子值得學習的功課，《聖經》上形容這是一樁「兩人結合」的美事！但我們也必須承認，不是每一對情侶的結合都是喜劇收場。容我這麼說，即便許多信仰虔敬的人，仍有不少最後以離婚收場，或是成爲怨偶。

可不是嗎？同樣是「兩人結合」，有些人的結合猶如武俠小說中楊過、小龍女的「雙劍合璧」，那樣優美、且服事戰力無窮。但卻也有些人的結合，如同在玩「兩人三腳」那般，彷彿各自的一隻腳被硬是綁在一起，跑起來一點不快、不優美，且你絆著我、我絆著你；原本不差的兩個人卻因為在人生的路上「彼此相絆」，而摔個不停。

為何會有那樣大的差別？我個人認為跟我們有否瞭解婚姻的眞諦有很大的關係。婚姻是上天為人類所設計的一份禮物；一份再好的禮物，如果我們不懂得設計者最初的用意，就很難運用、享受它，甚至會覺得它為我們帶來了困擾。我並非自覺自己的婚姻很成功，但我身邊有不少婚姻美滿的前輩，藉由觀察他們，我發現有幾點非常值得學習：

認定對方

婚前可以盡量三思、多方評估，但婚後就不要再多想，少再拿對方跟別人比較。不要再去多想「如果當初是跟另一個人會怎樣」，或是「如果某人早點出現在我生命中該有多好」之類的想法，即便客觀分析起來眞有其道理，時間點也是錯誤的；在不對的時間點上去多思慮的事，再有邏輯也註定會是個錯誤！註定會徒增痛苦。

多讚美

眞心欣賞對方、祝福對方。每一個人都有上帝賜下的特點，人也都有喜歡被讚美的天性，多在人前、人後眞心的讚美對方，絕對可使婚姻保值。如果您不讚美自己的另一半，等到有一天有另一個善於讚美他的表現之異性出現，恐怕只會爲兩人的關係帶來不必要的變數。

糊塗一點

人註定都不可能完美，也註定會有磨擦；有時，糊塗一點，讓自己睡個覺起來就把對方那些傷害自己的話給忘掉，長遠來看，反而是最幸福、有智慧的。

婚姻中「兩人」的結合，究竟會成爲「雙劍合璧」還是

「兩人三腳」?究竟會是優美、加乘的組合，還是成爲互絆的怨途?眞是一門需要一輩子彼此學習、互惠的功課，就看您我懂不懂得用正確的態度去經營它。

名人留言版

友誼和愛情之間的區別在於：友誼意味著兩個人和世界，然而愛情意味著兩個人就是世界。在友誼中一加一等於二；在愛情中一加一還是一。

——泰戈爾（印度詩人）

品格，是上台的資格

曾經有個老牧師在神學院裡教授「講道法」的課程，該門課是教未來要當牧師的，如何在講台上講解聖經，並講述得讓聽眾聽得明白、聽得進。學期快結束時，老牧師安排了一個期末考，他要學生們一個個從教室到走廊另一頭的小禮堂去作短講，而他就坐在台下一個個聽。內容統一以聖經中關於「好心的撒瑪利亞人」的故事爲素材，該故事是講一個外地人熱心幫助一位陌生遇劫者的溫馨故事。

幾天後，成績公佈了！有的學生拿了很高的分數，有些學生卻只是低分閃過。許多拿低分的學生很不服氣，去找那位授課的老牧師理論！老牧師便公開說明他的評分方式，他說：「不知你們有沒有注意到，當天講道考試時，我在你們每一個人會經過的那條走廊上，安排了一個人貌似不舒服地蹲坐在一邊，並找人暗中觀察你們每個人見到他之後的反應。你們許多人看到那個狀似痛苦的人卻視而不見，只顧著要去講道，但你們當天要講的內容卻是『好心的撒瑪利亞人』，這不是很大的諷刺嗎?!所以，凡是當天對那人視而不見者，無論你在講台上講得有多好，我事後打了很低的分數。」許多學生聽了訝異、慚愧不已，但也學到了人生中寶貴的一課。

這位老牧師的講道哲學很值得省思，一個人的道講得好不好，最大的重點不在於你週日在講台上怎麼「講」，乃在於你平日在講台下怎麼「活」！如果你平日生活中所活出的見證，與你週日在講台上所教訓人的內容背道而馳，那麼你在講台上講得再口沫橫飛、再氣勢磅礡、再高亢聲嘶，看在聽眾眼裡也毫無說服力。

品格，是上台的資格！不只當牧師如此、上講台如此，您我想上任何的「檯面」，想在檯面上站得久穩，品格都是一個極大的變數。君不見社會上有許多藝人、政治人物、宗教人士因爲不當的言行、貪瀆、詭詐、情慾問題而被輿論給「請下檯面」嗎？爲什麼？因爲這樣的品格被認爲不配以站在台上。

許多人渴望被人看見、渴望出人頭地，而社會上亦不少教人爭出風頭的勵志法門，但我們卻常忽略了：成功需建立在良好的品格上，才會是社會的祝福，才會讓台下的眾人心服、口服。品格，是上台的資格！《聖經》上有句名言說「一生的果效是由心發出」（箴言四章23節），在這個資訊透明的世代，如果您希望站上「檯面」，且在檯面上發揮更大的果效，則更該保守自己的心思意念，別讓品格變成自己被群眾請下台的不堪因素。

名人留言版

能夠使人成為偉大或渺小的因素，在於一個人的心志。

——席勒（奧地利畫家）

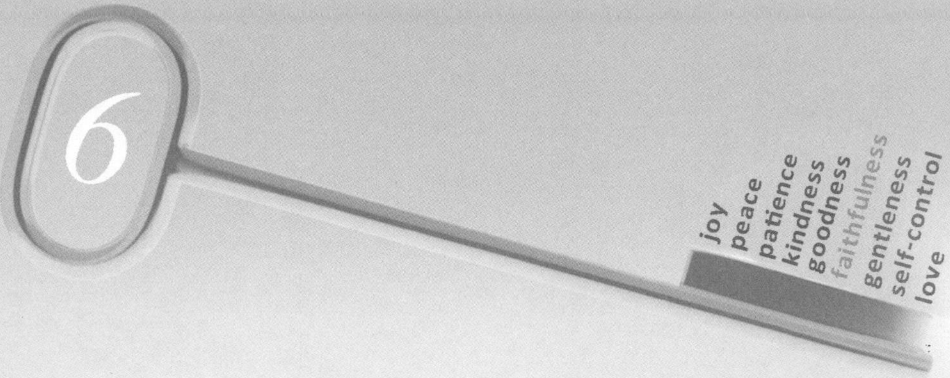
6
joy
peace
patience
kindness
goodness
faithfulness
gentleness
self-control
love

信實。

人生，就該Fun手一搏

有則老故事，說到有個人經過一個工地，看見三個工人在砌磚，便分別去問他們三個人：「你在做什麼？」

第一個工人回答：「我在砌這些磚。」

第二個工人回答：「我在砌一面牆。」

第三個工人看著天際，回答：「我正在蓋一棟大樓！」

十年以後，第一、第二個工人還在工地砌磚，工作十年如一日；但那第三位工人，卻已成爲該營建公司中頗具口碑的工地主任。這三位工人的境遇，說明了一個很重要的人生態度：一個人能否成功，重點在「格局」，在於他怎麼看待自己的工作。

事實上，在工作中找到樂趣與熱情是很重要的！許多人說做事要有「放手一搏」的魄力，我卻覺得工作要有「Fun手一搏」的正確態度。何謂「Fun手一搏」的態度？我個人對這個詞有兩個註解：

一、不要用「混口飯吃」的心態去看待自己的工作，更要在當中找到熱情與使命感。

《聖經》上說：「人種的是什麼，收的也是什麼。」（加拉太書六章7節）如果你用「混口飯吃」的心態去看待自己的工作，那麼，你這輩子的境界，充其量就只能在社會上作一個「混飯吃的人」，因為你種的是什麼，收的也是什麼；相反的，如果找到熱情與使命感，也許不見得一定能提高收入，但絕對能活出價值、獲得敬重。

我曾經聽一位敬愛的資深編輯工作者談「編輯」這份工

作。在很多人眼裡，那是一份靜態而枯燥的工作，面對這樣看似乏味的工作，他卻這樣分析：「如果你做編輯工作，只是覺得自己在面對一行行的文字，一頁頁的文章，那你一定會覺得做編輯工作很無聊。但如果你能想得『遠』一點，能去想像一下，今天你編輯的這本書，將來有一天，可能有一個有需要的人看到了，會因爲這本書的字句而感動得流淚；這時候，你就會覺得作編輯工作不但不無聊，而且充滿了意義！」他的確是靠「編輯」的薪資過活，但他更懂得賦予這份工作神聖的意義。

其實，任何一行不都一樣嗎？都有其枯燥、煩悶的一面。但若能想得「遠」一點，去想像一下你手所做的工可能給人們的直接、間接的幫助，它就不再只是一份冷冰冰的薪水，就能助您燃起熱情與使命感；假以時日，必會有與眾不同的作爲。

二、人，不需要太刻意去追求什麼職位、頭銜或名聲，只要努力而守本分地活出上帝要你活出的樣式。

人如果把目標放在追求名位上，那麼會多出許多不必要的痛苦與煩惱；若能把焦點轉一下，若能把目標放在活出上帝要你活出的樣式，那麼，該給你的職位、頭銜、名聲，自然會在後面追著你跑！屆時不用強求，它們也將如同吸鐵一般「啪」地一聲飛吸到你身上。總之，順序要對！要先積極地活出上帝要你活出的樣式，而不是先想著爭職位、頭銜、名聲；順序若錯了，雖也未必不能爭到那些名位，但就算爭到了，恐怕也會覺得很空虛。

人生，放手一搏太嚴肅，Fun手一搏，有趣也有意義得多了！不要用「混口飯吃」的心態去看待自己的工作，而是要在當中找到熱情與使命感。不必太刻意去追求什麼職位、頭銜或名聲，只要努力而守本分地活出上帝要你活出的樣式，我們的人生一定會有許多意想不到的驚喜與感動。

人生，就該Fun手一搏！讓我們一起打拚吧！

名人留言版

如果我不能在工作中找到快樂，我寧可不工作。

——湯姆·華生（IBM公司創辦人）

理想不能當飯吃，但能讓飯吃起來變得更香

R先生是我一位非常要好的朋友，他很優秀，一路考上建國中學、台大，之後還留英取得學位，思路清晰，是個人才。從大學以來，他就懷抱著理想，希望能改變這個社會的風氣。後來，他決定開一家出版社，運用文字、文化的力量去傳遞正向、美好的訊息。因著他過去的某些經歷，在他創業前，中央研究院有一份工作主動找上他，那份工作的薪水不低，比他過去曾做過任何工作的薪水都高，但他當時毅然婉謝了！他說，他的使命是要做出版。

他創業了！一間小出版社，人力、資本都缺乏，但所出的書卻常常獲得政府單位的公開推薦與採購。我們倆常一起吃飯，每一次和他吃飯，他只要一提起出版工作，眼神中總會閃爍著一份使命感與光榮，他覺得自己正做著一份有意義的事！我常想，他如果當年去接了中研院的那份工作，現在會是怎樣？薪水也許會比現在更高、更穩定；但我敢說，他恐怕不會有現在的喜樂與踏實。

我也認識一位我很敬愛的前輩W先生，他當年已在大公司裡做到經理職了，薪水甚高，優渥的日子繼續等著他，但他卻決定辭職去唸神學院，出來當一位傳道人。他老闆想用更高的薪水留住他，但他婉拒了；後來，他眞的成了一位牧師。牧師，是一個很可能沒有穩定薪水的職業，特別是那種小教會的牧師，但我每一次打電話給他，他都笑得很燦爛，覺得自己回應了上天的託付。據他自己所說，他比以前快樂太多了！他覺得一切都值得。

上天給每一個人都有不同的人生使命，人，若能找到自己的人生使命與理想，並去實踐它，那種愉悅、平安與滿足，往往是有形的物質所換不來的。

許多長輩會訓誡晚輩：「理想能當飯吃嗎?!」這句話說得不錯。理想是無形的，飯是有形的，很多時候理想是理想，飯是飯，兩者不一定會有交集；但這句話卻也只說對了一半，是以我將之增修為：「理想不一定能當飯吃，但卻能讓下半輩子的飯吃起來味道更香！」

可不是嗎？就像我這兩位朋友——R先生與W先生，他們所堅持、持守的理想，也許沒有為他們換來「更多的飯」；但是卻讓他們感到更踏實與愉悅，讓他們「飯吃起來味道更香」！是以我說：理想不一定能當飯吃，但卻能讓下半輩子的飯吃起來更香。

同理可證，隨著社會上功利主義的蔓延，也開始有人質疑說：「愛情能當麵包嗎?!」我的答案是：愛情不能當作麵包，但是能讓一個人後半輩子的麵包吃起來味道更美味。這，也是眞愛的無價之處。

理想與飯，愛情與麵包，彼此不盡然衝突。而該怎樣選？或許也沒有絕對的標準答案，端看各人如何取捨。

名人留言版

世界上沒有卑賤的職業，只有卑賤的人。
——林肯（美國第十六任總統）

自信，是最好的化妝品

曾經在香港太平紳士羅乃萱女士的書上，看過一則小故事。故事說到在某個島上，有個特別的習俗，就是要娶一個女孩子時，得用「牛」作爲聘金；長得越漂亮的女孩子，行情自然越好，就會有人帶越多頭牛來迎娶她。

島上有一位長老，他有兩位女兒，大女兒長得不怎麼樣，小女兒倒是長得非常漂亮！他心想：以小女兒的行情，有人牽五頭牛來迎娶她都有可能；但大女兒呢？以她的外貌，即便有人肯出個一、兩頭牛，他都會開心得把大女兒給嫁了。

這一天，有人要來迎娶長老的大女兒，出乎眾人意料，那人竟提出以十頭牛作為聘金！長老很意外，但仍開心地把女兒嫁了。十頭牛，算是大聘禮了！是以喜事辦得風風光光、好不熱鬧。

過了三年，那已出嫁的大女兒回到島上探望父親與族人。這一現身，卻讓眾人都嚇了一跳！這是長老的大女兒嗎？變得好漂亮啊！但仔細一看，五官確實是她，都沒變，但整個人的面容卻散發出一種難以言喻的美。這是怎麼回事？

原來，向來對自己不太有自信的大女兒，發現竟有人願意以「十頭牛」這樣的價碼來求親，覺得自己受到了夫家的重視，覺得自己是「值十頭牛的價值」，自信就來了！人，自信來了，眼神、面容、氣質……就都不再一樣了；雖五官、臉孔沒變，但看上去卻脫胎成一位美女。

在這個世代，有許多的化妝品，但我喜歡這樣說：自信，是最好的化妝品！何謂自信？或可解釋為「相信自己存在的價值」，可不是嗎？當一個人有自信的時候，眼神、面容、談吐、乃至舉手投足之間，都會散發出一股不一樣的魅力！

話說到此，我也發現，我身邊有不少女性朋友，後來信了基督教；而當她們在信了基督教之後，整個人似乎也變漂亮了！爲什麼呢？其實我認爲跟剛剛故事中的「十頭牛」狀況頗爲類似；因爲在基督信仰中，每一個人，都是耶穌以無比的愛並犧牲性命的重價所換回來的！這樣的愛與付出，顯然遠遠大於「十頭牛」，是以當一個人處在這樣的信仰中，怎能不會相信、珍惜自己存在的價值？怎能不有自信？怎能不容光煥發呢？

自信，是最好的化妝品！每一個人都是上天眼中的寶貝，願我們都能看到自己存在的價值。

（作者按：自信，是最好的化妝品！但化妝也要懂得適時、適地、適度，否則若妝化過了頭，看在旁人眼裡也會適得其反。）

名人留言版

如果奢求他人同情，反而會遭到輕蔑的對待。

——蕭伯納（愛爾蘭幽默劇作家）

貧窮，是一份禮物

前一陣子，在偶然的機會下，參加了一位醫界老教授的追思禮。那位已故老教授的一生眞的很不容易，年逾九旬方歸天家的他，擁有醫學與管理學雙學位，當年曾經擔任省立台南醫院院長、台北市立和平醫院院長、臺北醫學院附設醫院院長等職務，對社會多有貢獻！但整場追思禮下來，最讓我印象深刻的不是他的種種傲人成就，而是他的生命見證。

在家屬致追憶詞時，有句話讓我聽了很感動。家屬提到上天給了那位已故老教授許多禮物與厚愛，其中一份禮物是「讓他生長在一個貧困的環境裡」。貧窮，也能算是上天所賜的一份禮物嗎？

記得曾聽過一位很會講道的牧師分享過對自己出身的感恩，那位牧師本身是個三級貧戶的孩子，出身並不好，但後來爲何能講出許多撫慰人心、振奮心靈的講道？他說：「我很感謝上帝讓我生在一個貧困的家庭裡，經歷過許多苦楚；因爲這樣的成長經驗，讓我更能瞭解人心中的痛苦，也就更知道要怎樣在講道中去安慰社會上有需要的人們。」他的貧窮出身，反而締造了他往後的成就與表現！

雖我從未有機會跟那位已故老教授熟識，但在追思會上，仍可聽到他的許多見證。例如他在擔任某醫院院長時，那家醫院本來是營運虧損的，但請了兼具醫學與管理專長的他去擔任院長之後，沒多久，就轉虧爲盈；而轉盈之後，他所做的第一件事，竟是送所有員工一雙新皮鞋！在那個不算富裕的年代，這是一個很窩心的舉動，且上至副院長、下至工友，皆一視同仁，讓許多基層員工大受感動。我想，如果不是因爲那位老教授出身貧困，即便他有心，也未必能做到如此細膩與親切，也就不會有今天的聲望與愛戴。

貧窮，看似是一項不利因素，但卻也有人因此而活出了更精彩、豐盛的生命！親愛的朋友，也許在您我的生命中也有某些「不利因素」，可能是覺得自己念錯了科系、或學歷不如人、或身有疾病……，這些不利因素常讓我們耿耿於懷；但想一想，如果貧窮都可以是一份禮物了，那麼某些看似不利的境遇、條件、病苦，會不會亦是上天刻意要給我們的「禮物」，要我們看到、體悟到一些不一樣的東西，進而成爲不一樣的人呢？值得深思、自勵。

名人留言版

勝利屬於最堅忍之人。

——拿破崙（法國政治家、軍事家）

優秀，來自專注

如果您去觀察這社會上各行各業中許多「優秀」的人，並近身去瞭解他們，會發現生活中的他們智力其實很平凡，跟一般人沒什麼兩樣，甚至有比一般人更呆的一面；或許，這也是令某些人對他們的脫穎而出感到不服氣的原因吧！平心而論，這社會上的普羅大眾，在聰明才智上其實都差不了多少，但就是有人的成就可以高人一等。

既然大家條件都差不多，爲什麼某些人總是看似比較優秀？原因或許有很多，但他們總有一個共同的特質——「專注」！可不是嗎？優秀，往往來自於專注。專注是一種很難得的人格特質，它比擁有聰明才智還要更能讓一個人出頭！

何謂專注？我認爲有兩種特徵。

一、不只有「志氣」，更要有「志向」

請原諒我這樣敘述，許多有志氣的人，卻終其一生都沒有如願出頭，爲什麼？因爲人生沒有方向！東一點、西一點，最後就總是又回到原點。人生固然沒有辦法預知未來的每一個關卡、每一個職務，不可能巨細靡遺地規畫每一步，但仍應該要有一個値得努力的「大方向」，大方向確立了，做起事來才會有取捨，才能夠集中精力。所謂的專注，並不是指「一陣子」的事，而是「一輩子」的事。

您此生是一個有大方向的人嗎？人，先有了方向才能專注。

二、不要浪費太多時間去經營「虛名」

有名沒有不好，有名，甚至可以帶來一些不錯的邊際效應，但名氣要建立在實力之上才穩妥。如果花太多時間去經營虛名，去出不必要的風頭，短線來看或有益處；但長遠來看，反而會讓自己花在內在實力的時間越來越少。

《聖經》是被許多人視為智慧錦囊的經典，它並沒有反對我們出名，但卻提醒我們不要去貪圖「虛浮的榮耀」。的確，不要有了一點小成就，因為嘗到了小有名氣所帶來的甜頭，就開始花過多時間去經營「虛胖的名氣」，這反而本末倒置，實力就此停滯；讓許多原本在自己專業領域內有潛力臻化為一代宗師的人，因著太早陶醉、不進則退，最後只成了高級花旦。

優秀，來自於「專注」！專注，遠比聰明、拚命、志氣……要重要太多了！

找到、確立自己人生的大方向，並潛心專注去做，資質再平庸的人，也都會變成社會上的優秀人物。

名人留言版

完美的工具和混淆的目標，似乎是我們這一世代的特點。

——愛因斯坦（物理學家）

憂鬱，就像雜草

這幾年社會人心壓力大，而或許是我的執業執照一直掛在精神科，是以常有人來問我：「憂鬱症可以根治嗎？」「以後我的孩子還會再像這樣憂鬱嗎？」這其實是很簡單的問題，但卻是個不易解釋清楚的答案。

這幾年，我找到了一個形容憂鬱的比喻：憂鬱，就像雜草！有個故事很有趣，說到有個年輕人去拜訪一位智者，問他：「人生怎樣可以不憂慮呢？」那位智者卻告訴他：「幫我去院子裡拔草，你就會明白了。」那年輕人便去拔了，但卻怎樣也弄不明白。過了幾天他又來問一樣的問題，但智者

的回答一樣是「去拔草」，幾次下來，那年輕人火大了！智者才說：「人生，每天都有每天的煩惱，昨天你拔過的草，明天又會長出來，多拔草就是。」年輕人這才恍然大悟。

憂鬱，就像雜草！今天你明明覺得你已經拔乾淨了，看起來也眞是清除了；但不知怎樣，哪天卻又冒了出來。這告訴了我們兩件事：首先，疏導憂鬱往往沒有一勞永逸的方法，只有「勤於拔草」而已。這聽起來似乎有點無奈？感覺上好像得一生跟憂慮奮戰？但卻也讓我想到《聖經》上的一句名言：「不要爲明天憂慮，因爲明天自有明天的憂慮；一天的難處一天當就夠了。」（馬太福音六章34節）可不是嗎？

「憂鬱，就像雜草。」這句話所告訴我們的第二件事，是你永遠不可能「為明天的自己拔草」，因為明天的草根本還沒長出來！解決好眼前的事，不爲未來過度擔憂，是面對人生的基本態度。

憂鬱，就像「雜草」！你如果不管它，任它滋長，它們可能毀了整個花圃；但只要你願意適時處理，拔草其實並不需要太特別的學問。

名人留言版

人生至善，就是對生活樂觀，對工作愉快，對事業興奮。

——布蘭登

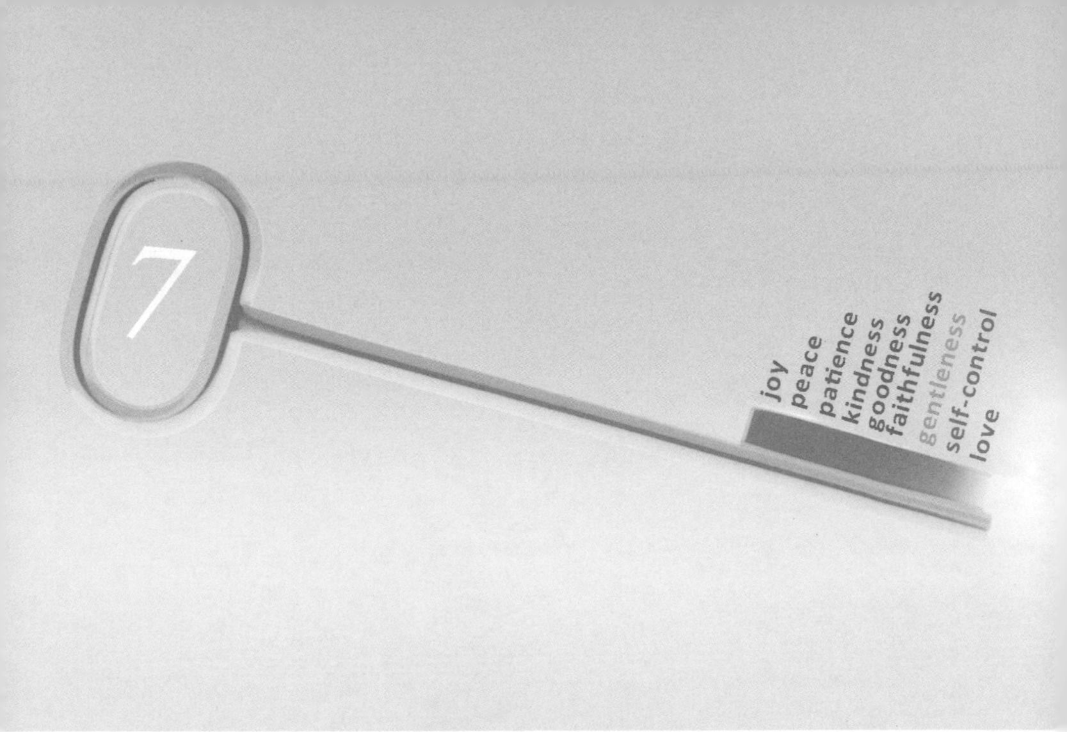
7
joy
peace
patience
kindness
goodness
faithfulness
gentleness
self-control
love

溫柔。

提防「客氣，但不善良」的人

《聖經》中的四福音書記載了許多耶穌生平的故事，其中有許多橋段多次被好萊塢片商翻拍成賣座電影；更有許多情節被當作企業管理、品格教育的題材。當中精彩的故事不少，包括許多耶穌與當時某些人士的對手戲！

當時，有些爲難耶穌的人在當世享有很高的無形地位，被奉以良好的形象，講起話來更是能引經據典；但其許多言語背後的動機卻狠辣、偏頗得很，甚至會貌似正經地來公開請教耶穌問題，但問題的背後卻是設計好的兩面刃，遑論其面善的背後，不知已放了多少冷箭。

該怎麼形容這些人？答案也許不只一種；但若套句現代人聽得懂的用詞，在此形容他們是一群「客氣、但不善良」的人，我想應當是非常貼切！時代會改，科技會變，但人性的軟弱卻往往如出一轍，在每個世代一定都會有《聖經》四福音書中所描述的那類「客氣、但不善良」的人，這種人常讓人防不勝防，該怎麼面對他們？其實《聖經》也早有溫馨的提醒：

一、當懂得防備

或許是當時那樣的人還真的不少！是以耶穌曾提醒他的門徒當「靈巧像蛇，馴良像鴿子」，必須兩者兼具。許多客氣的人都很善良；客氣，是許多善良人的外顯特質，但卻不是所有對你客氣的人都是良善的！是以除了讓自己有馴良的品格之外，也要有靈巧、機警的心。

二、提醒自己不被其影響

論到那樣的人，耶穌曾比喻他們有如「酵」。何意？酵是指會發散的意思，其中一種意思是喻指這種人的行爲、德性雖不好，但往往具有傳染力，讓人容易變得跟他們一樣，讓人以爲似乎要變得跟他們一樣才能在社會上生存；久而久之，讓眾人失去了起初的良善。西方有句名諺：「不要爲作惡的心懷不平，以致作惡。」我們都討厭那些「客氣、但不善良」的人，吃了其暗虧之後，難免都會不平、激憤；但社會化久了，自己會否也變成那樣的人？值得深思自省。

我們要懂得去提防「客氣、但不善良」的人！但方法不見得是要以惡報惡、或是歇斯底里地報復，而是提醒自己在面對他們時，要能夠「靈巧像蛇，馴良像鴿子」，並期許不要受其影響、別變成同樣的人。

在生活中、職場上，您也曾碰過對您「客氣、但不善良」的人嗎？別氣急，因爲《聖經》上述的記載與叮囑，已告訴我們該如何從容應對了。

名人留言版

虛偽永遠不能憑藉它生長在權力中，而變成真實。

——泰戈爾（印度詩人）

感恩，是一種香氣

曾經有位企業家歸納了幾種「不值得去栽培的人」，其中有一個答案很令人省思，那就是那些「不懂得感恩的人」！在那位企業家眼中，他認為一個不懂得感恩的人，根本不值得去栽培。

當然，上述論點或許一些教育家、宗教家並不見得會認同，但確實也道出了那些不懂得感恩的人確實頗不討喜，若用台語講，就是讓人感覺很「切心」（痛心）；相反的，懂得感恩的人總是討喜的！我們固定應該多培養那種付出不求回報的德行，但平心而論，每當我接到曾受過我幫助的人的一聲「謝謝」時，感覺也真的挺窩心的。

而我也相信一個懂得感恩的人不但討喜，甚至會有一種魅力。我一直很喜歡美國前總統羅斯福的一則故事，說到身爲小兒痲痺患者的他有次被人搶劫了，有朋友去安慰他，豈料他竟然說：「其實我還滿感恩的，第一、他只搶走我的部分財物，而非全部財產；第二、他沒有傷害我的性命；第三、今天是他來搶我，而不是我成爲了一個搶匪。」羅斯福是一位極受歡迎的總統，我相信一個小兒痲痺患者在外型上並不是什麼「政壇帥哥」，但他受歡迎的程度可能勝過不少美國選舉史上的政壇帥哥，因爲一個懂得感恩的人總是會散發出一種無形的人格魅力與吸引力。

這也讓我想起《聖經》上的一句話，說要「在各處顯揚那因認識基督而有的香氣」（哥林多後書二章14節）。此處的「香氣」所指爲何？指的是哪些外顯的人格特質或見證？答案肯定不只一種，但我想「感恩」絕對是其中的一項！一個懂得感恩的人，總是吸引美好的事物臨到他，也總是吸引到更多的貴人願意來幫助他。

這世上有許多價值不菲的名牌香水，包括女用的香奈兒，男士用的卡文克萊香水，但若一個人懂得「感恩」，也許這些香水錢都可以省下不少，因爲一個感恩的人相處久了，就會有一種無形的香氣！是任何有形的香氣都比不上的人格魅力。

名人留言版

驕傲的人，很少知恩，因為他從不覺得自己已得到所應得的一切。

——巴爾札克（法國現實主義文學）

廚房裡的佈道會

有一位婦女信了基督教，她跟她先生本來都是無神論者，對宗教不太有興趣。而她的信教，也讓她教會的牧師十分開心，並想更進一步向她的先生傳教；然而，都還沒開始行動呢！過了一陣子，她的先生竟主動出現在教會裡；過沒有多久，居然也受洗接受了這份信仰。

牧師很開心，便問他：「是不是哪一篇道、或是哪一篇文章觸摸到了您的心，讓您願意接受這份信仰？」那位先生笑了笑，有些尷尬與靦腆地說：「事情是這樣的，內人以前在家非常兇，特別在煮飯時因爲廚房熱，脾氣總會特別火爆，幾年下來都是這樣；但自從她有了這份信仰後，我發現她再也不在廚房裡發脾氣、敲東西了，她這樣的改變讓我既感動又好奇，也讓我下定決心願意嘗試瞭解、接受這份信仰。」

我很喜歡這個例子，我個人將這個例子稱之爲「廚房裡的佈道會」！基督徒很喜歡向旁人傳教，希望旁人也能接受自己的信仰；然而，隨著現代人知識與教育水平的提高，人們越來越精明了，您口中所談的信仰是否好？大家不會光聽您怎麼「講」，更會看您怎樣「活」！會看您的生活與見證是否眞的有因此而變得更好。就像故事中的那位先生，讓他願意去接觸、瞭解這份信仰的，不是聽到哪位佈道家講了什麼話，而是他親眼看到、體會了她太太在廚房裡做事態度與脾氣的轉變！她太太對他所做的，是「廚房裡的佈道會」！這位太太對她先生個人所發揮的關鍵作用，比任何一位名講員都還要大。

容我冒昧這樣說：有時，有些基督徒會有一種不成熟的

「二分法」，把參加教會活動視為是「屬靈」的，把週間的職場工作、生活瑣事、家事打理……給視為「屬世」的；事實上，這是一種錯誤的認知，因為在任何地方都可以有上帝的同在，任何地方都可以活出信仰的見證，而這樣的見證往往才是最珍貴的。

在歷史上，許多佈道家影響了社會，對社會氛圍產生了正向的影響；然而在這個知識通膨的時代，或許，社會最需要基督徒們去做的，除了把身邊的人帶去大型佈道會的場合聽道理以外，這個世代所更需要的，是每個人在自己的生活中，用自己的生活見證去多做一些「廚房裡的佈道會」、「客廳裡的佈道會」、「辦公室裡的佈道會」、「教室裡的佈道會」……等等，使旁人因看到您的美好見證與轉變，進而看到信仰的美好與寶貴。

基督徒常被社會公認是最積極向身邊人傳教的一群人，這麼做沒有不好，但事實上，當一個信徒能在自己的生活圈子裡活出美好的見證時，其對自己身邊的人所能產生的正向影響力，可能遠高於任何一個遠在天邊的佈道家，反之亦然！值得自勉，也值得警惕。

名人留言版

如果做事缺乏誠意，或遲遲不動手，那麼即使你有天大的本領也不會有成就。

——狄更斯（英國文學家）

閱讀，是人格的微整型

我是一個很鼓勵大家多閱讀的人。據說，家喻戶曉的著名詩歌〈奇異恩典〉的作者約翰牛頓，曾經是一個品性不端的人，但讀了一本福音書籍之後大受感動，深深懺悔，後來選擇成爲了一位神職人員。閱讀的力量何其大！

我寫過許多書，也陸續被出版商出版成繁體版、簡體版，在各華人地區發行；對我而言，只要有一個人因爲看到我的書，而有像約翰牛頓那樣正向的轉變，那一本書就出得值得！即便是一個也值得。

然而，客觀的說，一個人要因著閱讀一本書而在性格上

徹底的改頭換面，雖說絕對有可能，但在統計學上的比率恐怕不高。或許您要問我：那這樣我們「寫作」是否沒有達到目的？或是命中率過低？其實倒也不會，雖然閱讀一本書可能很難讓一個成年人在性格上有「徹頭徹尾」的改變；然而，閱讀一本書卻很容易可以達到「人格的微整型」之目標。也許不見得是徹頭徹尾的大轉變，但那些微小的轉變卻可以使之感覺起來更美、更可親。

舉例來說：一個脾氣大的人，即便讀了許多心靈好書，十之八九還是會是個脾氣大的人，還是會比一般人容易發脾氣。他的本性可能不會有太大的轉變，但當他發脾氣時，可能會想起某本書中引述過要「快快地聽、慢慢地說、慢慢地動怒」這句聖經名言；雖然他還是個容易生氣的人，但至少會在表達方式上略爲修正自己的外顯言行，進而降低不必要的傷害與衝突。而這樣看似小小的轉變，卻絕對會讓人覺得他可愛多了。

同樣的道理，一個性格散漫、無進取心的人，很難因爲讀了一本勵志好書，就忽然改頭換面，徹底變成一個上進的人、且持之以恆。這種機會不大，但卻有可能讓他不要太過懶散，激勵他至少在責任範圍內要儘量求好。也許他在性格上還是個安逸的人，但這樣小小的轉變，至少可以讓人對他的評價正向多了。

很多時候，我們必須承認「江山易改、本性難移」。一個成年人也許在本性上已不易有「改頭換面」式的大轉變，這可遇而不可求，但性格上要「微整型」卻仍是極有可能的！而「閱讀一本好書」，就是對心靈最好的「微整型」的方式之一，亦足以讓一個人給人們感覺更可愛、可親。

閱讀的好處何其大，您說是嗎？它所帶來的無形改變，遠比花大錢去動小手術要更能得人喜歡。

名人留言版

讀傑出的書籍，有如和過去最傑出的人物促膝交談。

——笛卡兒（法國哲學家、數學家、物理學家）

優秀，是一種胸襟

什麼是優秀？其實很難去定義它，我一直很感謝上天，雖然我稱不上是什麼優秀的人，但上天卻在我身邊從小安排了許多優秀的人，成爲我的幫助與榜樣。

我觀察身邊形形色色的人們，發現那些優秀的人與相對不優秀的人，在處世習慣上就有著很根本的不同。其中，那些「優秀的人」相對而言，比較容易去「看見別人的優點」；相反的，那些「相對不優秀的人」卻總是習慣去「看見別人的缺點」。我認爲這是造成他們之所以不同的一大主因，可不是嗎？

一個懂得看見別人優點的人，自然而然就比較有機會去效仿對方好的那一面，至少能夠看見值得自己學習的指標；漸漸的，就會越來越優秀！而一個只會看見別人缺點的人，自然不會覺得旁人有什麼値得學習之處；孤芳自賞的結果，也就失去了虛心向旁人默默學習的機會，久而久之，也就很難再進步。

所以，什麼是優秀？我認爲，優秀，是一種「胸襟」！更甚於是一種天資、一種才能。一個人若有胸襟常去「看見別人的優點」，自然而然就能有見賢思齊的動力與目標，即便他天生的資質、才能有限，也能夠在成年以後逐漸累積起許多學習的成果，進化成爲一個「優秀」的人。

《聖經》上有句話說要「存心謙卑，各人看別人比自己強」（腓立比書二章3節），很多人或許納悶，若一個人總是「看別人比自己強」，那豈不是要越活越自卑了？其實不然！每一個人生命中都有許多不同的面向，「看別人比自己強」的眞諦，絕不是教我們小看自己，而是教我們要懂得去

「欣賞別人生命中那些比自己強的面向」，如此相處久了，就能互蒙其惠；相反的，如果我們總是習慣用嫉憤的心情去偏視別人的優點、放大別人的缺點，一來自己不會快樂，二來將使自己難再進步，那才眞是要越活越自卑了。

優秀，是一種「胸襟」！是一種後天可以培養的品格與抉擇。如果我們能夠選擇敞開胸懷，多去「看見別人的優點」，在別人身上看見、省思自己可以再學習、成長的地方，用這樣的胸襟去看世界，這種處世態度，此生想不優秀都很難！您說是嗎？

名人留言版

優雅的風度是一封長效的推薦信。

——伊莎貝拉

比「乖」更重要的事

如果我們用「乖」這個字去形容一個年幼的孩童，那無疑是一種稱許；「乖」這個字的同義詞是聽話，而這樣恭順、保守的形象，其實也是華人社會中許多長輩對青年後輩們的期許。

平心而論，「乖」沒有不好，但這世上亦有許多「比乖更重要的事」，更值得人在成年後去實踐、操練。在歷史上，使徒保羅不只是一位傳道者，亦是一位極具智慧的教導者，他的許多觀點至今仍成爲歐美教育界人士所推崇的論調。他曾勉勵青年人：「不可叫人小看你年輕，總要在言語、行爲、愛心、信心、清潔上，都作信徒的榜樣。」（提摩太前書四章12節）在他的觀念裡，青年人不該只是消極地追求乖就好，更應該積極地成爲眾人的榜樣！

而他所提的言語、行爲、愛心、信心、清潔這五個面向該如何實踐？或許會因著人所處的環境與職業而有所不同，但仍有些通則可以參考：

言所當言

我們所處的環境好嗎？也許還不錯，但亦可能在許多人眼中，仍有許多不公不義、取巧搬弄的事常常發生。面對此光景，所需要的恐怕不是只會唯唯稱是的群眾，而是要懂得言所當言、表明立場，但卻又能不流於情緒發洩式的謾罵；甚至是在不失禮的前提下，用無聲的肢體語言來表明自己的心志。這樣的風骨與風度，很值得操練。

把特質化作行為

上帝給每個人有不同的特質、專長，每一個人都可以是不凡的！您有沒有善用自己的特質與專長，嘗試去做一些「不一樣的事」，來讓你所處的環境因你而有些正向的改變？還是只是選擇活在從眾、安逸的框架中？

嘗試去愛那些「不可愛的人」

去愛那些可愛的人，是天性；能夠去愛那些不可愛的人，才是保羅所謂的愛心。

看自己看得合乎中道

什麼樣的「信心」是好的？不是過度膨脹自己，更不是過度自謙，而是要能看自己看得合乎中道！認識自己真正的

價值，並客觀、樂觀地善用它們，這樣的自信才是健康的自信，才是值得眾人奉爲榜樣的信心。

懂得「遠離誘惑」

一個人如何維持「清潔」的心靈？不是去練就什麼能抵抗誘惑的護體心法，畢竟我們都不是聖人。保持內心清潔最要緊的方法，是要懂得「遠離誘惑」，懂得遠離那些會讓你跌倒的試探與慾念。

近年來許多社會新聞的肇禍者，當記者去訪問其鄰居、親友時，他們大都會不可置信地表示，那些肇禍者從小就很「乖」，沒想到他會做出這樣的事，沒想到他心中竟有這樣的盤算。

華人社會總是喜歡教導後輩要「乖」。這並沒有不對，但這個社會是否常忽略了許多「比乖更重要的事」——包括言語、行爲、愛心、信心、清潔？

積極地去實踐、操練這五件事，會讓人更不易偏離正途，亦會讓我們的生命更有價值。

名人留言版

衡量人的真正品德，是看他在知道沒有人會發覺的時候做些什麼。

——孟德斯鳩（法國啓蒙時期思想家）

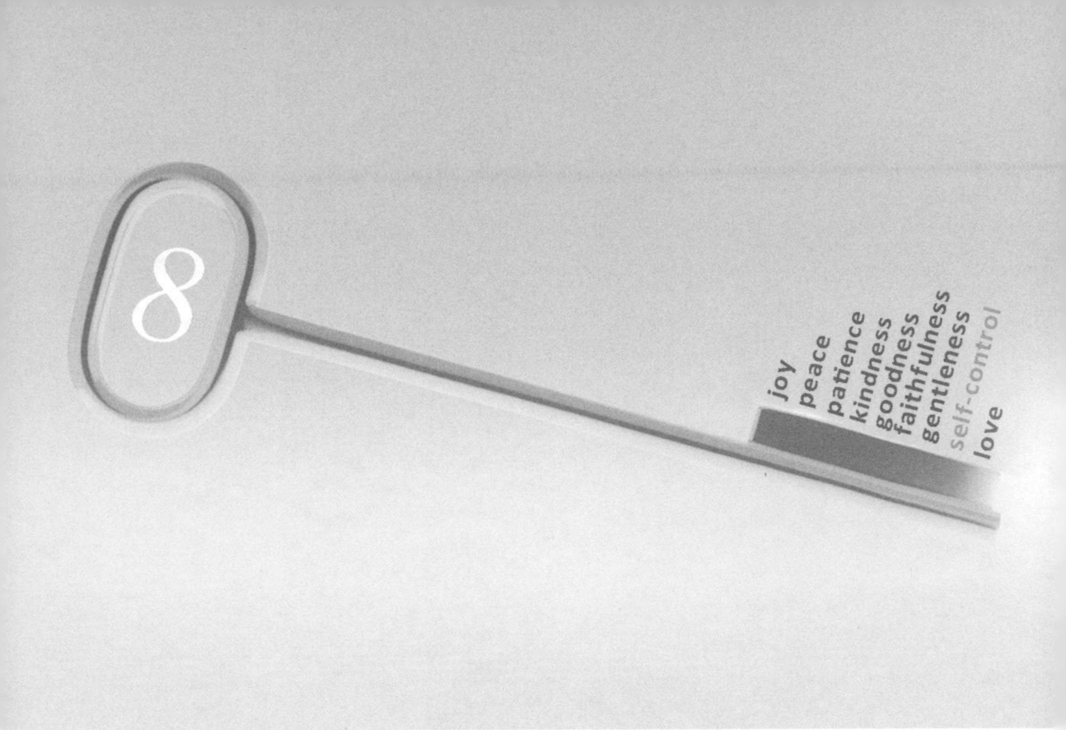
8
joy
peace
patience
kindness
goodness
faithfulness
gentleness
self-control
love

節制。

不輕易發怒的自信

我們都很喜歡那種「不輕易發怒」的人，而這幾年下來我漸漸發現：一個不容易被激怒、不容易去嫉恨的人，最大關鍵可能不在於「修養好」，而是「有自信」！反之亦然。

曾經有一位年輕人，眼見身邊的同儕個個有一片天，但自己卻一事無成，心中甚感不安與愧疚。好強的他並沒有表現出自怨自艾、垂頭喪氣的樣子；但久而久之，他變成一個批判性很強的人，且極度易怒！一點點小事讓他覺得有被影射或侵犯到，便大發雷霆！有的長輩爲了幫助他，給了他許多修身養性的書，並一再苦口地勸告他許多做人的道理，但卻一點兒用也沒有。後來，有一位長者輔導他情緒的方式很特別，他暫不跟他談什麼修養與做人，甚至不提寬容與靜心；他鼓勵、幫助那年輕人找到自己人生奮鬥的目標，並全力以赴。努力了幾年以後，那個年輕人的表現得到了認可，漸漸不再憤世嫉俗，整個人也溫和、大器了起來。

上述是一個很值得省思的輔導例子，且並非個案，而是通則。易怒，往往是一種對自己現狀不滿的投射。一個「自卑」的人不可能大度，且必然易怒而敏感；相對的，一個有「自信」的人，即便未必厚道、圓融、外向，但「自信」卻往往是氣度的基礎。有了氣度，才有可能培育出寬容與平和。

而健康的自信該如何建立？我認爲有兩個方式：

找到自己人生努力的目標

人，是會主動尋求存在意義的動物。如果您我的人生有一個值得努力的目標，且不停地朝那個目標邁進，即便那個目標不會爲我們帶來多大的功名與財富，但在實踐的過程中必能得著無比的踏實感，會知道自己的人生不是虛度的。那種實踐目標所帶來的踏實感與喜樂，是狂歡、玩樂所達不到的愉悅層次，也會爲一個人帶來怡然的自信。

每天讚美一個人

很特別！當我們肯花心思去發掘別人的優點、去讚美別人的時候，在這過程中，我們也會逐漸發現自己的優點。一個肯發自內心去讚美別人的人，久而久之，他本身的自信、自我價值感也會不一樣；而這種自信並不會流於孤傲，且是一種很健康的自信。

發怒有礙身心健康，您希望自己是一個「不輕易發怒」的人嗎？一個不容易被激怒、不容易去記恨的人，關鍵未必是「修養好」，而是「有自信」！親愛的朋友，您是一個有自信的人嗎？我們固然不需要有「過度的自信」，但至少要有「不輕易發怒的自信」！找到自己人生努力的目標，每天讚美一個人，假以時日，自然會建立起不凡的氣度與雅量。

名人留言版

有自信心的人，可以化渺小為偉大，化平庸為神奇。

——蕭伯納（愛爾蘭幽默劇作家）

自卑，是一種慢性病

從前，有黑、灰兩隻老鷹一起長大，黑鷹飛得又高又好，這讓灰鷹看在眼裡頗爲自卑，只要他看到黑鷹高飛的英姿，或聽別人誇讚黑鷹，心中就會覺得不舒服、不服氣。

這一天，魔鬼來了！牠早已觀察這頭灰鷹很久了，牠看準了他的自卑情結，便靜靜地來到灰鷹耳邊，指著正遨遊天際的黑鷹，對他說：「上面那傢伙很討厭喔？我拿支箭，去把他給射下來！如何啊？」灰鷹聽了眼睛爲之一亮，魔鬼接著說：「向你借身上的一根羽毛裝在箭尾，我來射下他。」灰鷹二話不說，馬上拔下了一根羽毛給魔鬼，魔鬼立刻組裝成箭，射了出去。沒中，便望著灰鷹，跟他再要了一根；再射，又沒中，就這麼不知不覺地射了不下百箭，竟一箭也沒射中。灰鷹氣急地罵魔鬼：「你到底在搞什麼呀？」此時，魔鬼露出了猙獰的眞面目，準備抓住灰鷹。灰鷹趕忙想飛，但這才驚覺自己原本豐密的羽毛幾乎已被拔得光禿禿的了；想飛也飛不了；於是，便這麼成了魔鬼的囊中物，懊悔不已。

我喜歡這樣形容：自卑，是一種「慢性病」！是一種無形的慢性病，它會長期、慢性地影響一個人的人格，會讓一個人長久失去應有的光采與動力，甚或會影響一個人在職場上的成就；而它一旦「發作」起來，還容易引起「嫉妒」這個極具破壞力的「併發症」，成爲惡者利用的對象，對自己與旁人造成極大的傷痛。

如何療癒「自卑」這種心靈的慢性病及其併發症？有兩件事是我們可以去體認的：

不爭「第一」，但求「唯一」

「自卑」的情結往往起因於「比較」。事實上，上帝所創造的每一個人都不一樣，每一個人在歷史上、地球上都是獨一無二的，我們不必去跟別人爭「第一」，而是應該努力活出那與眾不同的「唯一」價值。別的不說，即便是一個再平庸的人，在愛他的家人、親友的眼中，他都有其無可取代的意義；即便是再傑出的名人、偉人，都無法取代您我在愛我們的家人、親友心目中那特殊的意義與價值。每一個人活在世上，都有其「唯一」的價值。

用「看展覽」的心態去欣賞旁人

許多人會把身邊一些優秀、幸運的人，視為一個個的「假想敵」；甚至有望子女成龍、成鳳的父母，會把同年齡的別人家優秀孩子視為自己子女的假想敵。用這樣的錯誤態度活著，必然帶給自己與家人痛苦！面對那些優秀、幸運、傑出的人，與其用防衛、酸溜的心態去看他們，倒不如用一種「看展覽」的心態去看他們。請想像自己正走進一間造物主所開設的展覽館，裡面有許多優秀、特別的作品；用這樣的心態去看那些優秀、幸運的人，不但不會生出苦毒，反而會是一種享受，一種悠閒的觀摩。

自卑，是一種「慢性病」！雖然在醫學上沒有正式定義，卻會為一個人的心靈帶來長久而沉重的負擔，甚至扭曲一個人的人格。唯有換顆心看世界，用造物主的眼光去看待自己與旁人，才能眞正看見美好、獲得眞正的內在醫治。

名人留言版

要是沒有自信心，那實在糟糕！要是你不相信自己存在的價值，再糟也不過如此。

——契訶夫（俄國小說家）

別燒光了青山的柴

有一個國王，因爲自己的一位大臣屢建奇功，便準備封他一塊地。爲了表示他對這位大臣的愛護，於是國王當眾感性地對那位大臣說：「日落之前，你可以在我國內盡量跑，凡跑到的地方，我都賞給你當作封地。」那位大臣聽了開心極了，便竭盡所能地拚命跑、拚命跑，跑出了好大的範圍，但卻在快日落前「啊！」地一聲，身體不堪負荷而倒地，一命嗚呼了。他竭力地跑出了好大的範圍，但卻無福享受他的封地。

也曾有一位醫者，爲了能有更高的收入，無所不用其

極。他的確做到了，但卻因此讓他的名聲甚是不好，在同業之間壞名遠播。後來，他所待的醫療院所因故停業，他想另謀他職、再起爐灶，但卻處處碰壁，原來他過去爲了達到業績目的而犧牲了自己的名聲，讓其他的醫療院所對他的名字嗤之以鼻。他過去曾多賺了不少，但卻也賠上了更多的本錢。

華人有句話說：「留得青山在，不怕沒柴燒。」這句話淺顯易懂，然而，我們卻也常容易在不知不覺之間就「燒光了青山的柴」！何謂「青山的柴」？也許每個人的定義不同，但我認爲至少有以下三種：

健康

沒有健康，再有才幹、再有理想，都無能爲力。當一個人臥病在床時，即便看到令人無奈的情況，也只能在一旁乾著急，無力挽回。

家人

等到生命到尾聲時，能陪在您我身邊的絕不會是多年的同事，而是自己的家人；家人也往往是我們在低潮時，最願意給我們愛與安慰的人。與家人的關係，值得好好珍惜。

人格

所羅門王曾說：「美名勝過大財。」（箴言廿二章1節）可不是嗎？擁有人品比擁有財富更值得人尊敬，而人格、名聲也是一個人在遭逢不順時，能否東山再起的重要本錢。

親愛的朋友，留得青山在，不怕沒柴燒。我們千萬不要一不小心就「燒光了青山的柴」！讓自己的人生沒了本錢。別燒光了青山的柴，要掌握住存摺以外那些重要、無形的財富。

名人留言版

快樂最利於健康。

——愛迪生（發明家）

給敵人留一點餘地

在某個團體裡，曾有位意圖爭取擔任下一任領袖的人，在公開場合攻擊當時評價不甚高的領導人，罵得非常犀利，並要求其爲某狀況而請辭。幾年以後，那位仁兄如願地也當上了該團體的領袖，但尷尬的是，他陷入了跟他前一任一樣的窘境；而現實社會總是無情的！開始有人把他當年罵自己前一任、並要求其辭職的事給舊事重提，並公開質問他，你自己現在比你當年所罵的人之狀況還要更低迷，那你爲何不辭職呢？讓向來口若懸河的他，完全不知該如何單就這點來回應群眾。

人生，有時沒有一定的對錯，也很難講對與錯，但若異地而處，如果我是那位仁兄，我一定會覺得有些尷尬，他一定沒有想到自己竟會淪落到類似的窘境，夜深人靜時，或許會有一絲絲的懊悔：早知道當年不要罵人罵得這樣兇，今天落入類似狀況的自己，也就不會顯得如此尷尬與不堪。我是說如果我是他的話。

但這件事卻也留給了後世一個很好的品格教育題材——「給自己的敵人留一點餘地」。我這裡所謂的「敵人」不見得是指十惡不赦的大壞人，您我在生活中所謂的敵人，可能只是良性競爭的對手、意見不合的同事、一個你看不起的人，或是讓你覺得不屑一顧的人；那些人不是不能批評，但有時「罵人罵個七分滿」就好，不要把人給罵盡、罵透了！因爲你永遠不知明天的世界將會變成什麼樣子，也不知道自己明天會不會遭遇同樣的軟弱，今天你給敵人留一點餘地，很可能就是給明天的自己留一點餘地；今天你給敵人一個台階下，可能就是給明天的自己一個台階下。

說到「罵人罵個七分滿」，讓我想到一位基督教傳道人說過的話，信仰虔誠的他曾譬喻：人類不同於其他動物，每一個人類，都是上帝按照祂自己的形象所創造的，是以當你要罵一個人時，如果能想到那也是上帝的形象；而你眞的也愛上帝，在罵人的時候，就會自然收斂一些。這是何等有涵養的思維，不是嗎？

給敵人留一點餘地，即便是面對那些你覺得不屑、看不起的人，也不要把他們罵盡、罵透，畢竟我們自己也非聖賢且世事多變，聖經上有句名言：「不要爲明日自誇，因爲一日要生何事，你尚且不能知道。」（箴言廿七章1節）如果今天我們願意給自己的敵人留一點餘地，我相信明天上帝也會願意爲我們留一點餘地。

名人留言版

一個人的名譽，好像他的影子，有時比他長，有時走在前面，有時跟著走。

——孟德斯鳩（法國啓蒙時期思想家）

道歉，就像「立可白」

有時，常見到一些公眾人物在電視上講錯了一些話，帶來了不小的負面影響。有的是錯罵了某個對象，有的是用詞太過情緒化，也有的是無心之過、講話弄巧成拙。其實，不只是公眾人物，平凡的您我也都會有說錯話的時候。

說錯了話該怎麼辦？道歉，永遠是一個很好的美德，我喜歡這樣形容：道歉，就像「立可白」，就像言語上的修正液，它可以爲您將您脫口說出的不當字眼、字句「塗」掉，讓您有機會重頭再敘述一次。

然而，道歉也就眞像個「立可白」一樣，雖然可以把您

我過去脫口說出的不當字眼、字句「塗」掉、抹白，但卻已不再是原來的那張白紙了！當初被您那些不當字眼、字句得罪、傷害的人會怎麼看？有的人心中絲毫不再介意，但卻也有的人跟你的關係就會像是被立可白塗抹過的白紙一樣，總顯得有些疙瘩、不完美。

當然，這個世界上沒有聖人，連一個也沒有。我們總是有說錯話得罪、傷害別人的時候，平心而論，能懂得道歉已屬不易；然而，想像一下，若您收到一封信，發現整張信紙塗滿了滿滿的立可白，那能看嗎？就算修改過後的內容寫得再好，也讓人覺得這封信太不正式。同樣的道理，人需要道歉，但更要減少言語上的犯錯機會。

所羅門王是歷史上偉大的君主，雖貴為一國之君，但他深知說錯話所帶來的影響，是以他有幾句關於說話的人際智慧名諺，流傳後世：

「你見言語急躁的人嗎？愚昧人比他更有指望。」（箴言廿九章20節）

「言語多，就顯出愚昧。」（傳道書五章3節）

「說話浮躁的，如刀刺人。」（箴言十二章18節）

「回答柔和，使怒消退；言語暴戾，觸動怒氣。」（箴言十五章1節）

在人際來往的關係中，道歉，就像「立可白」，這麼做能把您我過去脫口說出的不當字眼、字句給「塗」掉，恐怕我們一定會用到它，但不能總是在用它。說話不要太急躁，讓自己柔和一點，絕對是智慧的抉擇。

一張塗滿立可白的稿紙，縱使錯處都已塗白，但也絕對不如原先的那張空白稿紙。人際關係往往亦是如此。當珍惜您的朋友、群眾，謹言慎行。

名人留言版

好脾氣是一個人在社交中所能穿著的最佳服飾。

——都德（法國寫實派小說家）

年輕，是「幹勁」加「創意」的代名詞

有一位讓我很佩服的老牧師，九十多歲了，卻仍常自己開著車到處走動。他可不是隨便走走，他做事極有目標與規畫，且總是願意吸收最新的智識，是以其生命仍舊成爲許多人的祝福。雖然他已年逾九旬、滿頭白髮、滿臉皺紋，但每一次我只要看到他做事的身影與點子，心中都會忍不住讚嘆：「好年輕啊！」無獨有偶，許多人對他的風範，也都有著同樣的評價。

是以我喜歡這樣下定義：年輕，是「幹勁」加「創意」的代名詞。可不是嗎？年輕是指一種心智狀態，更勝於是一

種生理年齡。

假如一群出了社會的青年人，聚在一起的話題就只有玩樂與休憩，但問他們人生各自的奮鬥目標是什麼？卻不知道；問他們該如何在自己的工作專業上精益求精？也沒有認眞想過。這種追求安逸、不求進步的心理狀態與生活步調，讓人看了不禁覺得：這樣一群青年人，彷彿已經是「退休」了？或是彷彿即將屆臨退休那般；這樣的青年人，即便再會嘻樂，也會讓人覺得他們看起來好「老」，因爲對人生應有的理想與積極性已然停滯。實在可惜。

年輕，應該是「幹勁」加「創意」的代名詞，是一種心智狀態。您是一個有幹勁的人嗎？還是只是得過且過？您是一個願意吸收新知、有創意的人嗎？還是已懶得多想、只是安逸地尋求一成不變？値得我們深思、自省。

一個九十幾歲、滿頭白髮的長者，其做事的身影卻總是讓人感受到他的活力與朝氣，這是何等美好的見證啊！的確，年輕的人不見得有作為，但有作為的人卻總是能讓衆人覺得他很年輕，這樣的例子在社會上各個領域不勝枚舉。是以曾有偉大詩人在禱詞中這樣寫：「求祢教我怎樣數算自己的日子，好叫我得著智慧的心。」這是一種祈求，也是一種立志。

在古代，帝王與嬪妃常會千里尋藥，希望能讓自己看起來年輕一點；殊不知，活出「幹勁」與「創意」就是最好的良方，就是最好的免費良方。保有這兩個特質，任何一個人都可以活得很年輕。

祝福大家青春永駐、年輕有爲！

名人留言版

所謂的青春不是指人生的某個階段，而是指心境。

——賽妙爾・烏爾曼（德裔美籍作家）

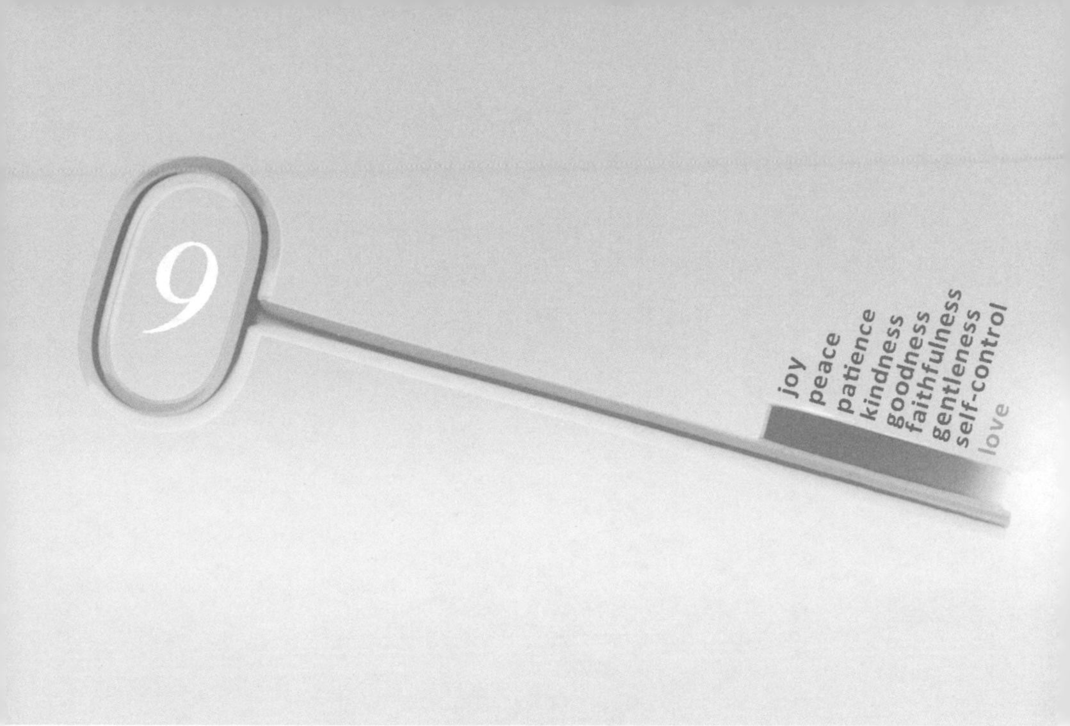
9
joy
peace
patience
kindness
goodness
faithfulness
gentleness
self-control
love

仁愛。

有機的愛心

近年來，台灣多了許多「有機商店」，主打有機食品，標榜自己的食品是不含農藥、不含添加物，在大快朵頤之餘，對人體的負擔也最小。或許是食安問題漸漸受到重視，使得這類「有機商店」越來越受到顧客們的青睞。

而這個社會上除了食安問題困擾人們之外，人與人之間的關係似也常引發許多不必要的糾紛；現代人與人之間缺乏互動嗎？其實不見得，但有時我覺得，如果人與人之間亦能多一點「有機的愛心」，彼此會更得益。而何謂有機的愛心？我指的是「不含任何添加物、不帶有任何私慾或目的，讓人受之但卻無負擔的一種單純付出。」

很多時候，我們的付出動機會否已逐漸市儈化、笑容的背後已不再單純？這麼做，對方久了也會感覺得出來，且對付出者本身也會形成一種不必要的得失心。如何能讓自己多一點「有機的愛心」？也許人類的老祖先們有些智識可以參考：

右手做的不讓左手知道

有句話說「不要叫左手知道右手所做的」（馬太福音六章3節），意思是幫助別人時低調一點，除非必要，不需大張旗鼓；有時太習慣性的高調助人，往往會衍生出某些虛榮的期待。

學習不求回報

在對自己不造成太大損失的情況下，學習成人之美，不

求回報。當我們去愛護、栽培一個人時，如果摻雜了太多自私的期許，對彼此都會形成極大的負擔。

這世界需要多一點「有機的愛心」，含有太多添加物的愛心，也許一開始尚可，時間一久反而不歡而散；願我們所付出的愛能學習不含任何添加物、不帶有任何私慾或目的，讓人歡受之但卻無負擔。

名人留言版

真正的偉大是單純。

——麥克阿瑟（美國著名軍事將領）

祝福，助！扶！

有個故事說到一位小姑娘上市集買了許多水果，小心翼翼地捧著回家，但在半路上卻不慎滑落了幾顆。情急之下她想接住，卻反而讓原本在懷中的水果也隨之滑落了一地。她焦急地四處撿水果，這時，許多人圍了上來，紛紛好心地說著：

「眞可惜，好多水果就這樣爛了。」

「下次應該提個好一點的籃子來裝，就不會發生這種事。」

「沒關係啦，再撿起來就好。」

「好可惜喔，但不要難過了。」

當眾人爭相安慰、給予意見時，這位小姑娘有些委屈、氣急地說：「你們大家講了這麼多話都很有道理，爲什麼就不能先幫我一起把水果撿起來呢？」

我從小生長在一個牧師家庭裡，常聽到許多信徒喜歡在口語中使用「祝福」兩字，並希望自己能爲社會帶來正向力量；然而，很多時候，我們會不會也像上述故事中那些「圍觀的善心人士」一樣？面對社會上的某些現象、某些人、某些議題，我們發表了許多很棒的觀點，但卻似乎常一點影響力也沒有？仍舊只是封閉在自己的圈子裡，對外卻無力造成任何的改變與調和？或許，我們都忽略了，「祝福」這個字的諧音是「助」跟「扶」！當我們高喊要「讓自己的存在成爲社會的祝福」時，不妨參考敝人以下的建議：

積極培養可以「助」人的專業技能

當年來台的馬偕博士，無疑是一位對台灣貢獻良多的宣教士，他的榜樣與影響力持續到今日。然而，他在台灣的作為之所以成功，並不只是因為他整天埋首於宗教活動、或對人滿口的宗教詞彙；原本沒有醫療背景的他，積極地去研習拔牙的技術，而他的這項技能著實大大地幫助了許多台灣人，讓人感念在心，也讓他所傳的福音更被人接受。

曾經有許多年輕基督徒朋友來找我談，表明他們希望「能為上帝做更多事」，並問我的意見。我都會建議他們「趁年輕時，培養起一個對社會有助益的專業技能」。當我們滿口說要成為社會的祝福時，我們有否積極、負責地讓自己具備可以「助」人的專業素養與技能去回饋社會？這一點，在下一個時代將越發重要。而關鍵不在文憑，有心學習最要緊。

有「扶」人的心腸

「扶」是「手」字旁，是以「扶」這個動作不只是出口，更是出手。《聖經》上有段描述非常傳神，說道：「你們中間有人對他們說：平平安安地去吧！願你們穿得暖，吃得飽；卻不給他們身體所需用的，這有什麼益處呢？」（雅各書二章16節）很多時候動手比動口更重要！用我們的專業技能去扶助、造福有需要的人，是極有意義的事！其實許多人早已具備專業技能，但卻只把它視爲是「一份薪水」，沒有積極地把它發揮得淋漓盡致，讓它能扶持更多人群。這是非常可惜的。

許多人常喜歡把「祝福」這兩個字掛在嘴邊！但也讓我們省思，「祝福」應包括了「助」與「扶」！如果您自認還年輕，不妨積極培養自己能具備一個對社會有「助」益的專業素養與技能，並用它去「扶」持、造福人群，共同盡上自己的一份小小心力，社會將因此得著更多的祝福。

名人留言版

上天賦予的生命，就是要為人類的繁榮和平與幸福而奉獻。

——松下幸之助（日本企業家）

沒有愛心的誠實，有時比謊言更害人

雖然我的專職工作是在大學教書，但在精神科執業多年，偶爾會碰上一些人來跟我談他們在生活中因別人的話語所受到的傷害。那些話不見得是什麼髒言穢語，而是一些單刀直入的「建言」。而由於我對來找我的當事人有些瞭解，憑良心講，我有時還眞覺得評述那些當事人的話講得眞有道理！一針見血！正是那些人的盲點所在。然而，就我的專業而言，我不得不承認那些話確實對當事人的心靈造成了極大的傷害；而那些所謂的實話，當事人後來接受、聽進去了嗎？往往沒有！

當然，本文的目的不是要鼓勵人去說善意的謊言。誠實永遠是上策，但一個人如果在溝通時「只剩下誠實」，恐怕也要壞事！謊言固然不好，但那種沒有愛心的誠實，有時甚至比謊言更壞事！是以《聖經》上特別提醒後世要「用愛心說誠實話」，並形容「說話浮躁的，如刀刺人」。我們講話時，可以多拿捏以下三點：

我所講的話確定是事實嗎？

怎麼知道自己所講的話是否是事實？這牽涉到消息來源面，以及自己對該訊息的理解程度。通常一個存心謙卑的人，往往會在這兩個面向上多加斟酌，然後再說出來的話都會比較客觀、接近事實。

我講話的動機是為了成就「善」嗎？

我們必須承認，有時我們講所謂的實話的目的，往往是爲了要發洩心中的憤恨，是爲了要攻擊對方，而不是出於要造就對方的善念。我們不是聖人，很難終其一生完全不做這樣的發言，但這樣的話宜學習儘量少講，適可而止。

我講話的時機、地點對嗎？

很多人以爲只要自己所要講的是實話，就覺得自己彷彿在大庭廣眾下拿了把尚方寶劍，幻想著聽者理當會乖乖順從。但這種「自義」的心態，往往要壞事。話該怎麼講？《聖經》上有句處世良方，說要「趁著只有他和你在一處的時候，指出他的錯來」（馬太福音十八章15節）。如果您常因爲「講實話」遭人白眼而自覺委屈，也許可以想一想：您我講實話的時機、地點對嗎？值得時時自我提醒。

究竟何謂「沒有愛心的誠實」？有時我喜歡看看台灣的政論節目，容我這樣說，當兩方政治人物在激辯、指出對方缺點時，講得都一針見血、合乎事實，但卻也往往激怒了對方以及對方的群眾，畢竟他們絕對不是眞心爲對方好。基本上，「沒有愛心的誠實」即便講話內容是對的，恐怕也只會刺激對方、讓對方的心更想武裝起來。那種沒有愛心的誠實，有時比謊言更糟！謊言絕對不好，但沒有愛心的誠實卻也一樣讓人不敢恭維！願我們都能學習如何「用愛心說誠實話」。

名人留言版

那些立身揚名出類拔萃的，他們憑藉的力量是德行，而這也正是我的力量。

——貝多芬（德國作曲家）

新愛的眞諦

有一個猶太民間故事，說到有一天有位無神論者來到亞伯拉罕的帳篷裡，大放厥詞地說到「上帝並不存在」這類的話。亞伯拉罕很火大，最後終於按捺不住情緒，把那位無禮的無神論者給轟了出去。

那天晚上，亞伯拉罕仍舊對白天那位無神論者的踢館言論感到忿恨難消，便在禱告中向上帝「告狀」，並咒罵那位無神論者的不是。這時，上帝說話了，上帝對亞伯拉罕說：「亞伯拉罕啊，這個傢伙的言論，我都已經忍受了他三十年了，你今天怎麼連三十分鐘都忍受不了呢？」

這眞是一個很有趣的故事！您身邊也有那種令人噴飯、煩擾、惱火的人嗎？這種人，上帝還是讓他繼續存留在世上了，是以有時不妨也換個心腸想一想：「如果上帝都已忍受你這傢伙幾十年了，我今天就姑且忍你個幾十分鐘，又何妨呢？」如此想來，就能夠轉而用一種更開闊的心去面對對方，也讓自己活得更怡然。

《聖經》上有一句談「愛」的名諺：「凡事包容，凡事相信，凡事盼望，凡事忍耐。愛是永不止息。」（哥林多前書十三章7—8節）這句名言火紅的程度，甚至被編爲一首名爲〈愛的眞諦〉的著名詩歌。

這幾年，在職場上經歷了一些人、事，在看這句話時，我喜歡將之改一個字：「煩」事包容，「煩」事相信，「煩」事盼望，「煩」事忍耐。可不是嗎？「凡事」包括任何事；事要去包容、去相信、去盼望、去忍耐，是非常容易的，任誰都做得到；最難的是那些不可愛且令人噴飯、煩擾、惱火的「煩」事、「煩」人。

許多人都希望自己的生命能得著上帝的賜福，但《聖經》上也提醒我們：「你們若單愛那愛你們的人，有什麼可酬謝的呢？就是罪人也愛那愛他們的人。」（路加福音六章32節）

容我斗膽在不違背原文精神的前題下，將《聖經》改一個字：「煩」事包容，「煩」事相信，「煩」事盼望，「煩」事忍耐。愛是永不止息。願我們都能學習用這個「新愛的眞諦」，去與自己的家人、同事、人群相處。

名人留言版

在命運的顛沛中，最容易看出一個人的氣節。

——莎士比亞（英國劇作家）

成熟，從善待你的敵人做起

有次讀到美國前總統林肯的傳記故事，他曾經有個政敵，多次在背後無情地批評他，有時甚至到了無中生有、人身攻擊的地步；就連他的招牌鬍子，都被對方拿來嘲諷，攻擊他的外型簡直活像一隻猩猩。

然而，林肯在握有大權後，並沒有報復、冷凍那個政敵，反而敞開心胸與他合作，在美國政壇歷史上傳爲佳談。

在這個世代，常有許多長輩喜歡發文評論年輕人不夠成熟。而何謂「成熟」？也許會因時因地而有不同的詮釋角度，但我認爲人格成熟的其中一個重要標記，就是懂得「善待你的敵人」。在世界上人與人之間必存在著一定程度的競爭關係，或是難免遇到跟自己意見相左的人，您我如何面對那些人？反映了您我人格的成熟度。

當然，也許我們會覺得有些敵人實在不值得去善待，或他們在背後所做的一些事，實在讓人不屑去認同。在那種人的面前，還值得維持格調嗎？我很喜歡聖經上的幾句名言：

「人有見識就不輕易發怒；寬恕人的過失便是自己的榮耀。」（箴言十九章11節）

「祂未嘗留下一樣好處不給那些行動正直的人。」（詩篇八四篇11節）

「求祢不叫我的心偏向邪惡，以致我和作孽的人同行惡事。」（詩篇一四一篇4節）

以牙還牙，是人的天性；反之，「善待自己的敵人」往往是一件「應該去做，但卻又讓人不甘願去做的事」。在我的經驗裡，若我們肯學習讓自己去做一些「應該去做，但卻又讓人不甘願去做的事」時，也許一開始很勉強、很辛苦，但只要我們肯嘗試學習去做，必然討上帝的喜悅，進而得著上帝的賜福；而上帝也會在這過程中調整我們的心態，讓我們越做越甘心樂意。

成熟，從善待你的敵人做起！人一定都會「變老」，但卻不一定會「變成熟」，關鍵就在於我們有沒有胸襟去學習「善待自己的敵人」。

名人留言版

你的仇敵若餓了，就給他飯吃；若渴了，就給他水喝；因為你這樣行，就是把炭火堆在他的頭上。

——所羅門王

向「熊」學靈修

由於家父是一位全職牧師，所以我從小跟父母親一起住在教會所提供的牧師宿舍中。也不知爲何，從小我「熊」的玩偶特別多；長大之後，即便都讀完博士回大學任教了，但可能因爲身型的關係，許多人也曾送過我不少「熊」的玩偶或飾品。經年累月下來，讓我家裡、研究室裡熊滿爲患；那莞爾的畫面會讓我看得會心一笑，讓我對「熊」有著特殊的情感。

也因爲父親是一位牧師，從小父母教導我要時常「靈修」。小時候一開始只覺得是個似懂非懂的宗教儀式，漸漸長大之後，卻發現那已成爲我多次度過人生難關與試探的重要力量來源。而何謂靈修？不同的神學家有不同的字面解釋，但「親近神，並學習如何讓心靈更加成長」，應是許多人對靈修的共同詮釋交集。它不是一種枯燥的宗教儀式，而是可以助人將信仰生活化的一種省思與學習。

而我們在「靈修」時，可以去省思哪些事呢？您相信嗎？我竟從「熊」的身上得到不少啓發！上帝看祂所造的萬物爲美好，是以誰說「熊」不能成爲信徒在信仰生活上的美好啓示呢？如何向「熊」學靈修、學信仰生活？我個人得到以下三點啓發：

在慢活、積極之間找到平衡點

熊，看似是很可愛的動物，平時看起來溫溫、圓圓、慢慢的，但當「目標」出現時，牠卻會展現出極強的爆發力與速度，全力達陣，完成任務！

這其實是基督徒很值得學習的生活態度。靈修，固然可以讓一個人變得隨和、溫良，但亦應能幫助您我找到「人生的奮鬥目標」才是！並能助我們在奮鬥的人生目標上，展現出該有的使命感、爆發力與速度。這才是均衡的領受。

懂得適時徹底休息

熊，除了是強壯的動物以外，亦是少數懂得「冬眠」、懂得讓自己適時徹底休息的動物。《聖經》上說：「你們要休息，要知道我是神。」（詩篇四六篇10節）有時人生不是一味的積極，偶爾也得讓自己放鬆、休息。上帝凡事都有安排，即便當我們暫歇時，祂仍掌權。當基督徒慷慨地說著自己的諸多異象、願景時，也要懂得向熊學習，學習讓自己有適時休息、放手的時候。

懂得讓自己站對位置

熊，有時實在是聰明的動物！有的熊在捕鮭魚時，會特別在溪中挑個好位置站著，輕鬆地張開嘴，等著逆流而上的鮭魚自動躍近嘴邊。這眞是「站對位置就省力」的一大寫照。在我們的職場生涯上，您我「站對位置」了嗎？我們的許多怨嘆與挫折，會否是因爲我們不懂得在職涯上站對位置？這是很值得我們終生省思、學習的課題。

向「熊」學靈修，是我常做的事。我不是神學家，是以自然不是以嚴謹的神學學術角度來詮釋靈修；但我在此卻可以用一個精神科治療師、學者的雙重身分掛保證：向「熊」學靈修，絕對有助於身心健康，有助職場樂活，您不妨可以試試看。

名人留言版

禱告與信仰支撐我，使我在總統任內的危急時刻能夠鎮靜。

——喬治・華克・布希（美國第四十三任總統）

心靈勵志系列12

品格，是一把鑰匙：開啟腦中的幸福力量

作　　者：施以諾
社長暨總編輯：鄭超睿
編　　輯：馮真理、張惠珍
封面設計：黃聖文
繪　　圖：劉聖秋

出版發行：主流出版有限公司 Lordway Publishing Co. Ltd.
出 版 部：台北市南京東路五段389巷5弄5號1樓
電　　話：(02) 2766-5440
傳　　真：(02) 2761-3113
電子信箱：lord.way@msa.hinet.net
郵撥帳號：50027271
網　　址：www. lordway.com.tw

經　　銷：

紅螞蟻圖書有限公司
台北市內湖區舊宗路二段121巷19號
電話：(02) 2795-3656　傳真：(02) 2795-4100

華宣出版有限公司
新北市中和區連城路 236 號 3 樓
電話：(02) 8228-1318　傳真：(02) 2221-9445

2015年11月　初版 1 刷
2023年 6月　初版12 刷
書號：L1506
ISBN：978-986-89894-9-8（平裝）
Printed in Taiwan

國家圖書館出版品預行編目資料

品格,是一把鑰匙：開啓腦中的幸福力量 / 施以諾著. -- 初版. -- 臺北市：主流, 2015.11
面； 公分. -- (心靈勵志系列；12)

ISBN 978-986-89894-9-8(平裝)

1. 修身 2. 品格 3. 自我實現

192.1 104023781